AF253774

MEMOIRE

GÉNÉALOGIQUE,

POUR Meſſire RENÉ-ALEXANDRE, Marquis de CULANT, Chevalier de l'Ordre Royal & Militaire de Saint Louis, Meſtre de Camp de Dragons, Chevalier, Seigneur, Baron de Ciré, Flaſſais, Champfleury, l'Iſle, &c.

CONTRE le ſieur DE LA CHENAYE-DES-BOIS, Auteur du Dictionnaire Héraldique, Généalogique, Chronologique & Hiſtorique, contenant l'origine & l'état actuel de toutes les Maiſons de France & des principales de l'Europe.

LE Mémoire qu'on va lire n'eſt point enfanté par la vanité toujours déplacée, & manquant ſon but, puiſqu'elle nous dégrade aux yeux des autres, bien loin de nous élever au-deſſus de notre ſphére, il n'a d'autre objet que celui d'une légitime défenſe.

A

Tant que M. de la Chenaye n'a point parlé de MM. de Culant de Ciré, ils ne se font point crus en droit de lui demander raison de son silence; mais on lit dans le supplément de son Dictionnaire Généalogique & Héraldique, tome IV, page 531, que Messire Nicolas-Auguste-Valentin, Marquis de Culant, Seigneur de Savins, Chef de la Maison de Culant-Savins, établie en Brie depuis près de 400 ans, & dont un des ancêtres avoit épousé l'héritiere de Blézine, à condition d'en porter les armes qui sont d'argent au sautoir, engrelé de gueules, » vient de reprendre » les armes de son origine, qui sont un Lion d'or sur un » champ d'azur, semé de molettes, ou d'étoile d'or, avec l'é-» cartelure du sautoir.

' Ensuite il ajoûte » que cette branche a formé celle des » Marquis de Culant de Ciré & d'Anqueville en Sainton-» ge, qui, se croyans moins intéressés que MM. de Cu-» lant de Savins à porter les armes de Blézine, ont repris » depuis près d'un siécle & demi les armes pleines, de leur origi-» ne, qui sont, comme on vient de le dire, un Lion d'or » sur un champ d'azur semé de molettes ou étoiles d'or, » sans écarteler celles de Blézine, » & ces dernieres lignes qui contiennent autant d'erreurs que de mots, mettent MM. de Culant de Ciré & d'Anqueville dans la nécessité d'exiger que M. de la Chenaye prouve ce qu'il avance, ou qu'il se rétracte publiquement, se réservant de prouver eux-mêmes par titres & piéces justificatives qui resteront au Procès tant que la contestation durera, qu'ils ne sont point originaires du Boulenois ni de Brie, mais du Berry, où la branche aînée de la Maison de Culant subsiste encore, & qu'ils n'ont jamais porté d'autres armes que celles de leur origine.

Il suffiroit peut-être pour ce dernier article, d'observer que l'alliance de cette Blézine (dont ils n'avoient jamais oui parler) ne leur étant point personnelle, ils n'ont eu aucun intérêt à en prendre les armes, comme M. de la Chenaye n'a pu s'empêcher de le remarquer lui-même : mais quand le Public se contenteroit de cette seule raison, ils ne s'en contenteroient pas ; ils se sont engagés à prouver davantage ; & pour y parvenir on va mettre sous les yeux un tableau généalogique de la Maison de Culant, qui rassemblera toutes les différentes branches qui la composent, & l'on n'avancera rien qui ne soit tiré des meilleurs Auteurs, & fondé en titres. *

L'opinion la plus généralement reçue est que la Maison de Culant est une branche cadette de celle de Seuli ou Seulli, de Soliaco, qui a pour Auteur Guillaume de Champagne, fils aîné de Henri dit Etienne, Comte de Blois & de Chartres, Souverain de Champagne & d'Alix d'Angleterre.

Ce Guillaume de Champagne étant devenu éperdûment amoureux de Mahaut de Seuli, héritiere des gros biens de la Maison de Seuli-sur-Loire, qui étoit d'une rare beauté, & l'ayant épousée malgré son pere, il en fut déshérité à l'instigation d'Alix d'Angleterre, qui préféroit en tout, à ce Guillaume de Champagne, son fils aîné, Thibaud, depuis surnommé le Grand, son cadet. D'autres

* Il est d'autant plus intéressant pour Messieurs de Culant de Ciré & d'Anqueville, de faire voir qu'ils n'ont jamais quitté les Armes de leur origine, que quelques personnes ont pensé, & même avancé, qu'il étoit vraisemblable qu'il y eût deux différentes Maisons de Culant, l'une originaire de Berri, & l'autre du Boulonois, ou de Brie, fondés sur ce que Messieurs de Culant de la Brosse ou de Savins en Brie ont porté pendant long-tems des Armes différentes de celles des Culant de Berri, & sur ce qu'un Cadet de la Maison de Culant en Brie possédoit, il y a plus de deux cens ans, une des plus petites Charges de la Magistrature à Paris ; ce qui paroissoit bien étrange, dans un tems où la Maison de Culant venoit de donner à la France un Amiral, un Grand Maître de France, un Maréchal de France, & un Gouverneur de Paris & de Berri.

Mais ces deux objections sont bien frivoles, car à peu près dans le même-tems aussi, ou du moins bientôt après ; ceux de la Maison de Culant établis en Brie avoient eu dans leurs familles plusieurs Chevaliers de Malthe, Baillis & Grands-Croix de l'Ordre, dont deux entr'autres furent successivement Grands Hospitaliers, Receveurs du commun Trésor, Commandeurs de Couloumiers & d'Auxerre, & Grands Prieurs de Champagne. On peut répondre d'ailleurs qu'il y a cent exemples de Cadets, des meilleurs Maisons de l'Europe, qui ont quitté les Armes de leur origine pour prendre celles de quelque riche Héritiere ; & qu'il n'est pas impossible qu'un Cadet de la Maison de Culant, soit de Berri, soit de Brie, se voyant sans fortune, ait épousé quelque veuve dans l'aisance, à condition d'exercer la Charge de son 1er Mari. Ne voit-on pas de nos jours de très-bons Gentilshommes réduits pour vivre à briguer des emplois de Commis aux Aides ou dans les Fermes ? Ce qui est, à la vérité, pour la pauvre Noblesse, le comble de l'abomination & de la désolation.

prétendent que ce fut moins à cause de l'alliance qu'il avoit contractée avec l'héritiere de Seuli, qui n'étoit pas indigne de lui, que parce qu'il étoit bégue & mal fait. Quoiqu'il en soit, se voyant obligé de renoncer à la succession de son pere & à la Souveraineté de Champagne, il s'établit en Berry, dans les terres de Mahaut de Seuli, sa femme, dont il prit le nom & les armes qu'il transmit à sa postérité, qui finit, selon quelques Auteurs, dans la personne de Marie de Seuli, mariée en premieres noces à Charles de Berri, fils de Jean de France, Duc de Berry, en second lieu à Guy, Seigneur de la Tremouille, & enfin avec le sire d'Albret, Comte de Dreux, Connétable de France.

Le sentiment de ceux qui pensent, au contraire, que l'illustre maison de Seuli subsiste encore dans la maison de Culant, est appuyé sur la conformité de leurs armes, le voisinage de leurs terres dans la même province, l'étroite liaison des deux maisons & le titre de cousin (*consanguineum*) que Raoul de Culant, Prieur de Vatan, donne au Sire de Seuli dans un acte intitulé [*de Heredibus de Culant* en 1221, par lequel il céda au Roi Philippe Auguste tout ce que les enfans mineurs d'Helie, Baron de Culant ses pupiles, possédoient en la Châtellenie d'Issoudun, & reçut en échange la tierce partie des terres de Châteauneuf-sur-Cher & de Mareuil-sur-Aron, & mille livres de retour, promit de faire ratifier le tout par ses mineurs, lorsqu'ils auroient l'âge, & en attendant, donna pour cautions entr'autres, Archambaud le Grand, Sire de Bourbon, Raoul de Passac, Pierre de Crevant, Robert de Boves, le Sire de Seuli & Eudes de Troussebois, tous parens ou amis de ses mineurs.

Ceux de la maison de Culant ont contracté dans tous les tems d'illustres alliances, entr'autres avec les maisons de Tocy, Courtenai, la Rochefoucaut, Troussebois, Ligneres, Sancerre, Charôt, Joinville, Barbezieux, de Brosse, la Trémoïlle, Seuly ou Suilly, Chatillon, Gaucourt, Baujeu, Chauvigny des anciens Princes de Deols, Chauvigny de Blot, d'Antraigues, d'Apcher, Poquieres,

Bellâbre, Gamaches, Cléves, Contremoret, Chaudrier, de Hay des anciens Comtes d'Harolft, de Stuart, * de la Maifon royale d'Ecoffe, la Rochebeaucourt, de la perfonne de Gontaut, de Blois de Rouffillon, de Livéne, Méche, Lefcure, Thorigné, Cheuffe, Gombaudé ou Gondebaut, Brémond, d'Aïguiéres, de Meaux gréen de S. Marfaut de Chatellaillon, d'Auray de Brie, Dicy, Pacy, Vérez, Montmorency, d'Orgement, Longueval, la Sangle, Poftel, de Bréne, Veelu, la Met, d'Elbéne, Ribourdin, de Blanchefort, d'Auxy & plufieurs autres très-anciennes.

<table>
<tr><td>

PRE-
MIER
DÉ-
GRÉ.

La-
thau-
maffie-
re, hift.
du Ber-
ri.

</td><td>

JOBERT, Sire de la Baronnie de Culant & des Palais, qui vivoit environ l'an 1080, eft le plus ancien Seigneur de ce nom auquel on puiffe remonter. Elifabeth de Pacy fa femme, en étoit veuve l'an 1122; qu'elle donna, du confentement de fes enfans, au Prieur de la Chapelle Aude, un feptier de bled fur le moulin des Palais.

Leurs enfans font :

2me *Dégré.* Pierre de Culant.

2. Geraut de Culant.

2. Raoul de Culant.

</td></tr>
</table>

II.   PIERRE de Culant, Sire de Culant & des Palais, marié à N. eut de fa femme, Guillaume de Culant, qui lui fuccéda.

III.   GUILLAUME, Baron de Culant, fonda avec Raoul fon fils aîné, l'Abbaye de Buffieres-les-Nonains. Il donna avec Renoul, Helie, Cloud & Guillaume de Culant fes enfans, à l'Abbaye de Noirlac, les héritages qui lui appartenoient depuis le Gué de Manéole, jufqu'à la montagne de Pombert, par la Charte de l'an 1181.

Enfans de Cuillàume de Gulant.

4. Renoul de Culant qui fuit.

* Cette alliance eft perfonnelle à la branche des Barons de Ciré.

4. Helie de Culant, tige des Culant du Boulenois ou de Savins.

4. Cloud de Culant.

4. Guillaume de Culant.

IV. RENOUL, Baron de Culant, Seigneur d'Iſſoudun & de Châteauneuf, en partie eſt nommé avec Béatrix ſa femme, dans la Charte de l'Abbaye de Noirlac de l'an 1181 : il accorda à l'Abbaye des Pierres, le droit de pâcage dans ſon bois de Corſer l'an 1187, & laiſſa de ſon mariage avec Béatrix.

5. Helie de Culant qui ſuit.

5. Cloud de Culant.

5. Guillaume de Cullant, marié avec Agnès de Tocy, qui lui ſurvecut, & ſe remaria avec Guillaume de Courtenai.

5. Raoul de Culant, Prieur de Vatan.

V. HELIE, Baron de Culant, de Châteauneuf & de S. Deziré, prit ſous ſa protection les biens & granges de l'Abbaye des Pierres, & permit aux Religieux d'acquérir dans ſes terres juſqu'à ſix arpens de vignes & autant de prés, & ſcela le tout du ſceau de ſes armes. Le Roi Philippe Auguſte lui donna & à Etienne de S. Palais, la mouvance des Châtellenies de Vierſon & de Charenton, par Charte du mois de Mai 1217 ; il eut deux fils.

6. Renoul de Culant, duquel ci-après :

6. N. de Culant.

VI. RENOUL, ſecond du nom, Baron de Culant, de Châteauneuf & de S. Deziré, étoit mineur ainſi que ſon frere, lorſque ſon pere mourut, & ſous la tutelle de Raoul de Culant, Prieur de Vatan leur oncle, qui céda, comme on l'a dit plus haut, au Roi Philippe Auguſte, tout ce que ſes pupiles poſſédoient dans la Châtellenië d'Iſſoudun, & donna pour cautions le Sire de Seuli ſon couſin, (*conſanguineum*) Archambaut, dit le Grand, Sire de Bourbon, Raoul de Paſſac, Pierre de Crevant & autres, parens ou amis de ses mineurs. Renoul de Culant transigea avec Messire Archambaud de Bourbon , sur les limites de leurs Justices au mois de Juillet 1248 , & laissa de son mariage avec Margueritte de Mirebeau , Renoul de Culant qui suit.

VII. RENOUL, troisiéme du nom, Baron de Culant, de Châteauneuf & de S. Deziré, affranchit les habitans de Châteauneuf en 1259, ceux de Vesdun par Charte du mois de Novembre 1265, & ceux de la ville de Culant par autre Charte du Vendredi après la S. Barthomier en 1270: de sa femme Sedile ou Sebile, il eut:

8. Renoul de Culant, qui continua la postérité.

8. Mahaut de Culant, mariée à Renaud de Bazernes , sieur de Champeroux.

VIII. RENOUL , quatriéme du nom, Baron de Culant, de Châteauneuf, de S. Deziré, de S. Auzen, de Romefort, de Serizi, de Floreux & de Savigny. Il est fait mention de lui dans la Charte pour la bourgeoisie de Châteauneuf en 1259: il transigea avec le Commandeur du Temple, les Châteauneuf sur les limites de leurs Justices le Mercredi après Pâques l'an 1300: transigea pareillement & pour le même sujet en 1320, avec Guillaume de Chauvigny, Seigneur de Châteauroux ; ses enfans sont :

9. Jean, Baron de Culant.

9. Gaucelin de Culant, qui a fait la branche de Saint Amand, qui sera rapporté après celle de son aîné.

9. Rollin de Culant, sieur de Chassemaës.

9. Guiot de Culant, sieur de la Creste.

9. Hugues de Culant, Chanoine d'Orléans, tué à la bataille de Crecy en 1346.

9. Agnès de Culant, mariée à Gui, sieur de la Rochefoucaut.

IX. JEAN, Baron de Culant & de Châteauneuf, Seigneur de Jaloignes, nommé dans le traité fait entre son pere & les bourgeois de Châteauneuf, le Samedi après la Pentecôte, 1319, fut condamné à l'amende pour avoir fait la guerre à Meſſire Amelin de Lezay, Chevalier depuis l'Ordonnance prohibitive ; il ſervit depuis le Roi Philippe de Valois dans toutes les guerres qu'il eut contre Edouard, Roi d'Angleterre, & s'allia avec Jeanne de Bouville, Dame de Romefort & de Savigny, d'où

10. Jean, Baron de Culant, qui s'empara de toute la ſucceſſion de ſes pere & mere auſſi-tôt après leur mort ; ce qui cauſa de grands débats qui duroient encore en 1344, il étoit mort en 1347, après avoir épouſé Agnès de Sancerre, dont il eut Renoul, cinquiéme du nom de Culant, mort ſans alliance. N. de Culant, mort auſſi ſans poſtérité, & Agnès de Culant, mariée à Louis de Sancerre.

10. Eudes, Baron de Culant, qui continua la poſtérité.

10. Huet de Culant.

10. Gaucelin de Culant, Chanoine de Bourges.

10. Henri de Culant, Seigneur de l'Enginerie, près Orléans.

10. Joſſeaume de Culant, qui ſuivit le Roi Philippe de Valois dans toutes ſes guerres.

10. Marie de Culant, femme de N. Bouder, ſieur de la Frogerie.

10. ALIX de Culant, mariée en premieres nôces avec Godefroy de Surgeres, & en ſecondes nôces avec François, Seigneur de Ligneres.

X. EUDES, Baron de Culant, de Châteauneuf, de Romefort & de Savigny, ſervit en Guyenne dans l'armée du Roi en 1356 ; il fut élu par la Nobleſſe du Diocéſe de Bourges, pour faire la revue des Gendarmes levés pour la défenſe du Berri, ce qu'il fit dans la ville d'Argenton le 9 Mars 1357 ; il épouſa en premieres nôces Iſabelle, fille & héritiere de Robert, Sire de Charôt, & prit une ſeconde alliance avec Margueritte de Joinville, fille d'Amé, ſieur d'Aimery qui lui ſurvécut, & ſe remaria avec Hugues d'Amboiſe, Seigneur d'Eſtrelles & de Chaumont.

Enfans

Enfans d'Eudes, Baron de Culant, & d'Isabelle de Charost.

11. Gilbert, Baron de Culant, mort sans postérité.

11. Jeanne de Culant.

11. Aenor de Culant, Dame de Culant, de Château-neuf, de Romefort & de Savigny, demeura sous la tutelle d'Amboise de Chaumont son beau-pere, quoique Gilbert, Baron de Culant, son frere, s'y opposât; mais celui-ci étant mort, elle lui succéda, & fut mariée d'abord avec Philippe de la Trémoïlle, Seigneur de Montréal, fils de Guillaume de la Trémoïlle & de Marie de Mello, & en second lieu, après la mort de son premier mari avec Guichard Dauphin, second du nom, Seigneur de Jaligny & de la Ferté Chaudron, Grand-Maître de France, qui mourut sans enfans à la bataille d'Azincourt en 1415 : Aenor de Culant, mourut aussi sans laisser de postérité l'an 1420, ayant institué son héritier dans toutes ses terres, Louis de Culant, Amiral de France, son cousin. En elle finit la branche aînée de la maison de Culant.

Branche de Saint Amand.

IX. GANCELIN de Culant, Seigneur de Saint Amand, étoit le second fils de Renoul, quatrieme du nom, Baron de Culant & de Château-Neuf; on croit que c'est lui qui avoit épousé la fille de Vivien, Seigneur de Barbezieux, & d'Alienor de Seuli, à cause de laquelle il plaidoit l'an 1348, touchant la succession du sire de Seuli. Il autorisa Guichard de Culant son fils, dans la transaction qu'il fit avec Louis de-Brosse, Seigneur de Sainte Severe, l'an 1353.

X. GUICHARD de Culant, Seigneur de Saint Amand, Dervant, Chaugy & la Creste, Capitaine du Château de Chalucet en Guyenne en 1369, plaidoit en 1338, contre Huet d'Amboife, fieur de Chaumont, pour la tutélle d'Aénor de Culant. Il avoit époufé Izabeau de Broffe, d'où,

11. Jean de Culant, duquel ci-après.

11. Louis, Baron de Culant & de Château-Neuf, Bailli de Melun, Amiral de France, qui rendit de fignalés fervices au Roi Charles VII ; il aida la Pucelle à faire lever le fiége d'Orléans, & commandoit l'Armée à la défaite des Anglois, près de Rouvray. Il époufa Jeanne de Chatillon, dame de la Palice, & recuillit l'ample fucceffion d'Aenor de Culant, fa coufine iffue de germain, laquelle lui fut difputée par Guy de la Rochefoucaut, mari d'Agnès de Culant ; ils étoient en Procès en 1423 : ce Louis de Culant, Amiral de France, fonda une Chapelle au mois d'Août 1434, en l'Eglife de Culant. Il inftitua fes héritiers, Charles & Philippe de Culant, fes neveux, l'un Grand-Maître de France, & l'autre Maréchal de France, & mourut fans enfans en 1444.

11. Pierre de Culant, bâtard de Guichard de Culant.

XI. JEAN DE CULANT, Seigneur de la Crefte, &c.

Il paroît par un ancien Regiftre que Guichard de Culant, fieur de la Crefte, avoit fait appeller certaines femmes, prétendant qu'à caufe de fon Châtel de la Crefte, il avoit plufieurs hommes & femmes ferfs, qui lui devoient deux tailles à fa volonté, l'une, après Pâques, & l'autre en Août, & entre autres femmes, celles qu'il avoit mifes en caufe ; le Procureur de M. le Duc de Bourbonnois foutenoit que lefdites femmes lui appartenoient ; & pendant le Procès, Guichard de Culant étant décédé, Jean de Culant & Louis de Culant, Amiral de France, fes enfans, reprirent l'Inftance, & furent maintenus & gardés en poffeffion & faifine, par Arrêt du 20 Octobre 1413, de pouvoir exploiter lefdites femmes.

Jean de Culant eut de Marguerite de Seuli fa femme,

12. Charles, Baron de Culant, duquel ci-après.

12. Philippe de Culant, Seigneur de Saint Amand, Chalus, la Creuzette & Jaloignes, Sénéchal de Limoufin, & Maréchal de France ; il rendit toute fa vie de grands

fervices au Roi dans fes Guerres contre les Anglois, prit Pontoife & Caftillon fur eux, commanda l'armée au fiége de Mantes, fit des merveilles à celui de Tartas, contribua beaucoup à la réduction de Normandie & de la Guyenne, & fut un des grands Capitaines de fon tems. Il époufa Anne de Beaujeu, fille d'Edouard de Beaujeu, Seigneur d'Amplepuis, & de Jacqueline de Ligneres, dont il n'eut qu'une fille.

12. Marie de Culant, époufe de Jean de Caftelnau, Seigneur de Bretenoux.

12. Anne de Culant, mariée à François de Beaujeu, Seigneur de Ligneres, de Rezay & de Thevé.

XII. CHARLES, Baron de Culant, de Saint Défiré, la Crefte & Cluis, deffous-Chambellan du Roi, Capitaine de cent hommes d'armes, Grand-Maître de France, Gouverneur de Mantes & de Paris, époufa Belleaffe de Seuli, fille de Geoffroi de Seuli, Seigneur de Beaujeu, & de Catherine de Vaulce avant l'an 1432 : il en eut plufieurs enfans dont on va parler ; en étant demeuré veuf, il prit une feconde alliance avec Catherine de Caftelnau, dont il ne fortit aucune poftérité.

Enfans de Charles de Culant, & de Belleaffe de Seuli.

13. Louis, Baron de Culant, qui fuit.

13. Jean de Culant, Baron de Château-Neuf, qui a fait branche.

13. Marguerite de Culant, mariée à Louis de Belleville, Seigneur de Montagu en Poitou, Chambellan du Roi Louis XI.

13. Georgette de Culant, mariée avec Pierre de Poquieres, Seigneur de Bellâbre.

13. Agnès de Culant, Catherine de Culant, Dauphine de Culant & Jeanne de Culant.

XIII. LOUIS, Baron de Culant, de Saint défiré & de Ciré en

partie, * Chambellan du Roi Louis XI, Bailli & Gouverneur de Berry. Il étoit encore jeune à la mort de son pere, & plaidoit en 1460, conjointement avec ses freres & sœurs, contre Charles d'Albret, & Marie de Seuli, sa femme, pour raison de 40000 liv. qu'ils devoient par traité de 1407, à feu Jean de Culant, Seigneur de la Creste, & à Marguerite de Seuli, sa femme.

Il épousa Michelle de Chauvigny, de l'ancienne Maison de Chauvigny, des Princes de Deols & du bas Berry, le 20 Juin 1468; il passa Procuration à Antoine de Laval, pour faire partage de la succession de ses pere & mere, par lequel le 30 Mai 1486, tant pour son droit d'aînesse, que pour sa portion héréditaire, il eut les Terres de Culant & de Saint Désiré, & mourut la même année. Il avoit acquis aussi de Joachim Girard, Seigneur de Bazoches, la meilleure partie de la Terre de Ciré, au pays d'Aunis; à raison de quoi il lui fut rendu hommage le 15 Septembre 1482, par Mathurin Macé, Avocat au Siége de la Rochelle, pour des Fiefs & Moulins à eau, situés en la Paroisse de Saint Germain de Marensennes, à cause de son Châtel & Baronnie de Ciré.

Il laissa de Michelle de Chauvigny sa femme,

14. Gabriel, Baron de Culant, qui suit.

14. Jacques de Culant, qui a fait la branche des Barons de Ciré. **

14. Anne de Culant, mariée d'abord à Gilbert, Seigneur de Rochefort, & en secondes noces, avec Guyot du Bus, Seigneur de Thison.

XIV.   Gabriel, Baron de Culant, Seigneur de Saint Désiré & de Mirebeau en Anjou, vendit à Louise Aubert, femme

---

* Il l'étoit aussi de la Prevôté de Ballon, joignant la Terre de Ciré, dans la même Province.

** Dans un Acte pour apposition de scellés, pardevant le Juge de Ciré, relié, & faisant partie d'un gros volume intitulé, *Titres & Papiers Terriers de la Châtellenie de Ciré*, en 1486 : Jacques de Culant est dit Fils de Louis, Baron de Culant, & de Michelle de Chauvigny.

de Bertrand de Culant, son cousin-germain, Seigneur de Château-Neuf, la Baronnie de Saint Déziré, pour la somme de 10000 liv. le 18 Août 1536 : il assista à la rédaction de la Coutume de Berry, l'an 1539 ; il est nommé dans un acte de partage, fait entre Isaac de Culant, Baron de Ciré, & Gabriel de Culant son frere, Seigneur de Soulignognes & de Nieuil ses petits neveux : il eut de N. Dame de Mirebeau en Anjou, sa femme.

15. Pierre de Culant, marié à N. d'Azay, fille d'Auguste d'Azay, Seigneur d'Entraigues. La terre de Culant fut saisie sur lui, & adjugée par décret du Parlement, à Gilbert de Blanchefort, Seigneur de Saint Janurin, qui la revendit au sieur d'Entraigues, lequel en fit donation à son gendre & à sa fille, le 3 Janvier 1553 : il n'est point resté d'enfans de ce mariage.

15. Charles, Baron de Culant, qui suit.

XV. CHARLES, Baron de Culant & de Saint Déziré, épousa Gabrielle d'Apcher, le 9 Février 1559 ; laquelle ayant été héritiere de Jacqueline de Laqueïlle, femme du Maréchal d'Aubigny, porta en la Maison de Culant les Terres de Brécy, Moulins & Sainte Solange.

Il rendit comme ses prédécesseurs de grands services au Roi dans ses Armées ; mais il fut malheureusement fait prisonnier au siége d'Hesdin en 1553 ; & sa prison qui fut longue, & le payement d'une grosse rançon, diminuerent beaucoup les gros biens de sa maison.

Ses Enfans sont,

16. Silvain, Baron de Culant, mort sans postérité.

16. François de Culant, Seigneur de Saint Déziré & de la Forêt Grailly qui épousa Charlotte de Grailly, dont il n'eut que des filles, entre autres Françoise de Culant, mariée à Amador de la Porte, Seigneur d'Issertieux.

16 Jean de Culant, qui suit.

XVI. JEAN, Baron de Culant, de Brécy, Moulins & Sainte Solange, Gentilhomme ordinaire de la Chambre du Roi Henri III, épousa en premieres noces Anne d'Aigurande

en 1573 : & en secondes noces Claude de Gamaches, le
15 Septembre 1584 : il vendit la portion qui lui restoit dans
la Terre de Culant, au sieur de Canillac le 11 Juin 1582.

Enfant du premier lit.

17. Marguerite de Culant, femme de Charles de Tran-
chelion, Seigneur de Boisbuart.

Enfans du second lit.

17. Philippe de Culant, femme de Charles de la-Chas-
saigne, Baron de Château-Geoffroy.
17. Louis de Culant, qui a continué la postérité.

XVII. Louis de Culant, Baron de Brécy, Moulins & Sainte
Solange, Gentilhomme ordinaire de la Chambre du Roi,
Capitaine des Gardes de M. le Prince, Lieutenant-Colonel du Régiment d'Enguien, Capitaine commandant le ban
& arriere ban de Berry, fut fait Gouverneur de Sancerre,
le 6 Juillet 1620; il passa procuration, étant pour lors à la
Rochelle, en l'Hôtel où pendoit pour enseigne la Grue
rue du Minage, pardevant Savari, Notaire, le 2 Avril 1619,
pour consentir à ce que Maguerite de Blois, dame de
Roussillon, veuve de Haut & Puissant Isaac de Culant, Seigneur de Ciré, son cousin, fût pourvûe de la tutéle &
curatelle de ses enfans mineurs & dudit Isaac de Culant,
son mari. Il avoit épousé Renée de Cléves, d'où
18. Louis de Culant, mort jeune.
18. Antoine de Culant, marié à Gabrielle de Contremoret, mort sans postérité.
18. Edme de Culant, Baron de Brécy, qui suit.

XVIII. Edme de Culant, Baron de Brécy, Moulins & Sainte
Solange, troisieme fils de Louis de Culant, & de Renée
de Cléves, devenu seul héritier de leurs successions par la
mort de ses deux freres, épousa Françoise de Guyot, Dame du Rozoi, dont il eut,

19. Louis - François de Culant , Baron de Brécy , duquel ci-après.

19. François-Henri , Marquis de Culant , Seigneur de Sainte Solange, mort sans postérité.

XIX. Louis-François de Culant, Seigneur, Baron de Brécy & de Moulins & de Sainte Solange après la mort de son frere, épousa Jeanne de Louan, de laquelle il eut,

20. Denis de Culant, Baron de Brécy.

20. Jean de Culant, qui a fait la branche de Sainte Solange.

20. Françoise de Culant, Dame de Moulins, mariée à Jacques Dérigaux, Ecuyer.

XX. Denis de Culant, Baron de Brecy a épousé le 18 Avril 1730, Marie Côté, veuve depuis le mois de Janvier 1748, & mere de Jean-Baptiste-Gilbert de Culant, né en 1736; il a été Page de Monseigneur le Duc de Penthiévre, & a servi depuis dans la Marine. Gilbert de Culant son second fils, né le 20 Mars 1740, étoit d'abord Officier dans le Régiment de Briqueville, qu'il quitta, s'étant mis ensuite Volontaire dans le Régiment de Nice : il a été tué dans une sortie au siége de la Citadelle, dans l'Isle de Belle-Isle. Elle a eu aussi une fille de son mariage avec Denis de Culant, née le 19 Avril 1733.

XX. Jean de Culant, Seigneur de Sainte Solange, mort en 1747, a eu de Catherine Aubry sa femme, Silvain de Culant: mort jeune : en lui a fini la branche de Culant de Sainte Solange. Françoise de Culant, née en 1741, & Jeanne de Culant, née en 1742.

Branche de Château-Neuf.

XIII. Jean de Culant, Baron de Château-Neuf-sur-Cher, de Saint Julien & de Beauvoir-sur-Arnon, étoit second fils de Charles, Baron de Culant, Grand-Maître de France & de Belleasse de Seuli. Il épousa le 23 Octobre 1460, Agnès de Gaucourt, fille de Charles, Seigneur de Gaucourt, Maréchal de France, & de Colette de Vaux. Il plaidoit conjointement avec Michelle de Chauvigny, veuve de Louis, Baron de Culant, son frere aîné, contre Guillaume de Seuli, Seigneur de Vouillon, l'an 1486.

Enfans de Jean de Culant, & d'Agnès de Gaucourt.

14. Claude de Culant, Marié à Jeanne de Voires, veuve Morelet de Larnes, dont il n'eut point d'enfans.

14. François de Culant, marié avec Perronelle de Chauvigny de Belot, dont il n'eut point d'enfans.

14. Françoise de Culant, mariée à Jacques de Chaugy.

14. Isabeau de Culant, femme de N. d'Anlezy, Seigneur du Boisbuard.

14. Bertrand de Culant, Baron de Château-Neuf, qui suit.

XIV. BERTRAND DE CULANT, Baron de Châteauneuf-sur-Cher, marié en 1516, avec Louise Aubert, fut assassiné par Pierre & Jean Sarrazin, freres, habitans de Châteauneuf, le 9 Juillet 1529, en haine d'un procès qu'ils avoient contre lui pour la propriété d'un pré. François de Culant son fils qui suit, hérita de lui de la terre de Châteauneuf & d'une partie de ses malheurs.

XV. FRANÇOIS DE CULANT, Baron de Châteauneuf-sur-Cher, épousa, étant encore jeune, Gilberte Girard, fille de Joachim Girard, Seigneur de Chavenon, le 14 Juillet 1532, donna l'aveu de sa terre de Châteauneuf à la Duchesse de Berri le 23 Août 1533; son mariage fut des plus malheureux; sa femme & ses beaux-freres qu'il fit condamner à avoir la tête tranchée, ayant formé le complot de l'assassiner, qu'ils exécutérent en partie, l'ayant blessé dangéreusement de plusieurs coups, sa femme fut condamnée à faire amande honorable, & à perdre son douaire & sa dot.

Il n'en eut point d'enfans : en lui finit la branche de Châteauneuf.

Branche des Barons de Ciré.

XIV.   JACQUES DE CULANT, Baron de Ciré en partie, Seigneur de la Prevôté de Ballon, second fils de Louis, Baron de Culant * & de Michelle de Chauvigny, dont la postérité n'est point rapportée dans l'histoire de Berri; parce qu'il quitta cette Province & vint s'établir en Saintonge, y contracta mariage en 1497 avec Françoise de Chaudrier, Dame de Soubréne Nieul & Soulignones, descendue en ligne directe du fameux Jean Chaudrier, Maire de la Rochelle, qui conduisit avec autant de valeur que de prudence le périlleux projet de remettre sous l'obéissance du Roi Charles V, la ville & le château de la Rochelle.

La terre de Ciré fut saisie féodalement sur lui de la part du Seigneur de Surgeres, à qui il en rendit hommage le 2 Novembre 1496, par lequel il déclare que cette terre lui est échue par droit successif, tant du côté paternel que maternel par la mort & trépas de haut & puissant Louis, Baron de Culant, Chambellan du Roi Louis XI, Bailli & Gouverneur de Berri, & de Damoiselle Michelle de Chauvigny; plusieurs autres actes prouvent qu'il étoit leur fils, ce qui est encore témoigné par un ancien écusson en pierre de taille posé sur une vieille cheminée à Ciré, par l'ordre d'Olivier de Culant son fils en 1537, où ledit Olivier de Culant, Seigneur, Baron de Ciré, Ecartelle de Chauvigny qui est d'argent à cinq fusées & deux demies de gueule, de Chaudrier, de la Rochebeaucour ou Angoulême ancien, & de Culant de Savins avec les armes pleines de Culant,

---

* Il s'est glissé dans l'Histoire de la Rochelle, au sujet de ce Louis de Culant, une faute d'impression; on y lit, Louis de Culant, Seigneur du Bernai, au lieu de Ciré. Bien qu'il y ait à quatre lieues de Ciré, entre Saint Jean d'Angeli & Surgeres, une Paroisse de Bernai, dont M. le Marquis d'Aubeterre, Seigneur de Saint-Martin de la Coudre, est Haut-Seigneur. On ne trouve dans aucun Acte que Messieurs de Culant Ciré ayent possédé une Terre de ce nom.

brochant fur le tout qui font un lyon d'or au champ d'azur, femé d'étoiles d'or.

Enfans de Jacques de Culant & de Françoife de Chaudrier.

15. René de Culant, mort fans alliance.

15. Olivier de Culant, qui continua la poftérité.

15. Margueritte de Culant, mariée en premier lieu avec Pierre de la Touche, Seigneur de l'autre portion de la terre de Ciré, qui n'appartenoit pas encore à ceux de la maifon de Culant; il lui en fit don quelques tems avant fa mort; & n'en ayant point eu d'enfans, elle prit une feconde alliance le 3 Novembre 1531, avec André de Hay, forti en ligne mafculine des anciens Comtes d'Harolft en Ecoffe, Ecuyer, Seigneur de Brouville au pays Chartrin, Commiffaire du Roi pour la convocation du ban & arriere-ban de Champagne.

Elle mourut avant lui, & il avoit la garde-noble de leurs enfans. De ce fecond mariage de Margueritte de Culant, Dame de Ciré en partie, fortirent Arthus de Hay, mort jeune & fans alliance, & Roberthe de Hay, qui, devenue feule héritiere de fa maifon, époufa Guillaume Stuart, iffu de la Maifon Royale d'Ecoffe, fils de Jean Stuart, Chevalier, & de Claude de Hallewin, & eut de lui Paul Stuart, lequel n'ayant point d'enfans, choifit pour fon héritier des terres de Savins & Juftigni, qui lui venoient des Seigneurs de Culant, Barons de Ciré, comme il fera expliqué ci-après, Louis de Culant, Seigneur de la Broffe & fes freres, à qui il en fit donation entre-vifs le 19 Août 1637, les préférant aux Barons de Ciré, quoique ceux-ci fuffent fes ayeuls maternels fans doute, à caufe de leur trop grand éloignement de la Province qu'il habitoit, & fur-tout de leur attachement fans bornes à la Religion Proteftante.

XV.   OLIVIER DE CULANT, Seigneur, Baron de Ciré & de Ballon en Aunis, de Savins & Juftigny en Brie, dont

Jean de Culant, fils de Louis de Culant & d'Etiennette de Vaux, lui avoit fait donation & de Nieul & Soulignones en Saintonge, se trouvant trop éloigné des terres de Savins & Justigny en Brie, & André de Hay son beau-frere n'étant pas plus près de celles de Ciré qu'il possédoit en partie, & du Guécharoux en Aunis; ils trouverent tous dequoi s'accommoder dans leur propre famille, & firent échange de bienséance à la Rochelle le 27 Novembre 1535, moyennant quoi Olivier de Culant se vit seul possesseur des terres de Ciré & Guécharoux.

Françoise de Chaudrier sa mere, désirant de le marier, envoya pour cet effet sa procuration à André Huguet, Licentié en Droit, Baillif & Avocat au Siége de Saintes le 27 Octobre 1537; elle s'y dit relicte de haut & puissant Jacques de Culant; & en conséquence, Olivier de Culant épousa la même année Françoise de la Rochebaucour, fille de noble & puissant François de la Rochebaucour, Capitaine de cent Hommes d'Armes, Conseiller, Maître d'Hôtel du Roi, Gouverneur d'Angoulême, Sénéchal de Saintonge, Chevalier, Seigneur de la Rochebeaucour, S. Meme, le Grollet, la Népontiere, Varaise, Semoussac, dont la naissance illustre remonte jusques dans la souche des anciens Comtes d'Angoulême & de feue Dame Bonne - Avanture de la Personne.

Olivier de Culant, prit dans son contrat de mariage & en tous autres actes, la qualité de haut & puissant, comme avoient fait la plûpart de ses Prédécesseurs, & comme firent dans la suite tous ses Successeurs. Il n'abandonna jamais dans toutes les guerres Jean de la Rochebeaucour, Gouverneur de S. Jean d'Angeli, son oncle, que ceux de la Religion donnerent pour Tuteur à Henri de Bourbon, Prince de Condé; il fut, ainsi que lui, un des principaux chefs du parti Huguenot en Saintonge & à la Rochelle, dont ceux de ce parti le nommerent Gouverneur; du moins en prendt-il la qualité dans quelques actes; mais comme cela ne se lit nulle part ailleurs, il y a toute apparence qu'il ne fut jamais reconnu pour tel.

Enfans d'Olivier de Culant & de Françoise de la Rochebeaucour.

16. Isaac de Culant, qui aura son chapitre.

16. Gabriel de Culant, qui fut tué à la défense de S. Jean d'Angeli.

16. Lea de Culant, mariée à N. de Gontaut, eut quatre mille écus sol en mariage.

XVI. Izaac de Culant, Baron de Ciré, Seigneur de Ballon, S. Meme, le Grollet, la Barde & le Menix, partagea les biens de ses pere & mere avec Gabriel de Culant son frere, qui eut pour son lot les terres de Nieul & Soulignones en Saintonge, qui après sa mort, passerent en des mains étrangeres ; mais Izaac de Culant qui avoit été partagé en aîné, en étoit bien dédomagé ; car François de la Rochebeaucour son grand pere maternel, n'ayant laissé que des filles qui furent mariées l'une à N. de Galard de Bearn, l'autre à Charles de Brémond, Seigneur de Balanzac, une troisieme à N. Comte de Chabot, & une autre, comme on l'a déja dit, à Olivier de Culant son pere ; il eut pour sa part les terres de S. Meme, le Grollet & les seigneuries de la Barde & du Menix ; les autres tomberent aux Seigneurs de Chabot & de Galard, & celle de la Rochebeaucour est encore aujourd'hui possédée par Monsieur N. de Galard de Bearn, Comte de Brassac, Chambellan du Roi de Pologne, Duc de Lorraine & de Bar.

Les armes de la Rochebeaucour ou Angoulême ancien, sont lozangé d'or & de gueule, telles qu'on les voit encore sur un vieux portail d'un ancien Parc à S. Même en Angoumois.

Izaac de Culant, épousa en premier lieu en 1587, Préjandre Bastard, Dame de Livoix, dont il n'eut qu'une fille mariée à N. de Magné, Seigneur de Cigognes. Il prit une seconde ailliance avec Margueritte de Blois, Dame de Roussillon, dont il eut :

17. Geoffroi de Culant, Baron de Ciré, duquel ci-après.

17. Henri de Culant, qui fit la branche de Landrais ; il épousa Françoise de Livéne, dont il eut N. de Culant, Seigneur de Landrais, Capitaine de Cavalerie dans Royal Étranger, mort sans alliance. N. de Culant, femme de N. Seigneur du Cluzeau, dont la famille posséde actuellement la terre de Landrais. N. de Culant, Religieuse à l'Abbaye de Saintes, & Marie de Culant, mariée à Izaac de Culant, Seigneur d'Anqueville, son cousin germain.

17. René de Culant, tué au service des Etats de Hollande.

17. Gabrielle de Culant, femme de N. de Bonne-Foy de la Vigerie, Seigneur de Bretauville, à qui elle porta en dot la Seigneurie & Prévôté de Ballon.

17. Marguerite de Culant, mariée au Seigneur de Lescure.

XVII. GEOFFROY DE CULANT, Chevalier, Baron de Ciré, S. Meme, le Grollet, Labarde, le Menix & d'Anqueville étoit mineur ainsi que ses freres & sœurs, lorsque son pere mourut ; ce qui engagea Louis de Culant, Baron de Brecy en Berry, leur cousin, qui étoit venu à la Rochelle, d'y laisser avant de s'en retourner en Berry, la procuration dont il a été parlé plus haut, pour faire nommer Margueritte de Blois, veuve d'Izaac de Culant, Seigneur de Ciré, tutrice & curatrice de leurs enfans.

Geoffroy de Culant, devenu majeur, fit un traité en 1635 avec le sieur Siette, Ingénieur-Géographe du Roi, par lequel celui-cy, en vertu du pouvoir qu'il en avoit, s'engagea de dessecher une partie des Marais noyés de la terre de Ciré, voisins de la mer, & d'en abandonner la tierce partie ainsi desséchée à ses frais, au Seigneur de Ciré ; ce qui augmenta beaucoup ses revenus. Il étoit mort avant l'an 1652, & avoit épousé Jaquette Mééhe, Dame d'Anqueville, d'où sont sortis :

18. René de Culant, dit le Marquis de Ciré, qui suit.

18. René de Culant, qui a fait la branche du Verger-baux.

18. Isaac de Culant, tige des Seigneurs d'Anqueville.

18. Marguerite de Culant, mariée à N. Guyot, Seigneur de Thorigny.

18. Madelaine de Culant, mariée à Isaac de Renouard, Seigneur de la Madeleine.

XVIII. René de Culant, dit le Marquis de Ciré, Chevalier, Seigneur, Baron de Ciré, Flassais, Saint-Meme, le Grollet, la Barde & le Menix. À l'Instar de son pere, entreprit & acheva de faire dessécher ce qui restoit des marais de la Terre de Ciré en 1558 : déja riche par lui-même, il le devint encore davantage par son mariage avec Madeleine Henry, fille de Jacques Henry, Marquis de Cheusse, qui lui porta en dot de grosses sommes d'argent, provenant de la vente de plusieurs emplois & droits sur les charges des saisies-réelles de toute la Guyenne ; mais il ne jouit pas long-tems de cette brillante fortune, car il aimoit le faste à l'excès, & portoit la fatuité, pour un simple particulier, jusqu'à avoir des Pages qu'il prenoit d'entre les plus pauvres Gentilhommes de sa Province. Il eut le chagrin avant sa mort, arrivée environ l'an 1696, de laisser toutes les terres qu'il avoit reçues de ses peres, saisies réellement.

Le Marquis de Cheusse avoit plusieurs filles : un des ancêtres de M. de Trudaine en avoit épousé une : deux autres prirent alliance, l'une avec N. Herbert, Seigneur de la Forêt, & l'autre avec le Marquis de la Lourie, en Anjou, duquel étant veuve, elle se remaria avec le Marquis de Mailloc, Seigneur de Mailloc, & des terres du Champ de Bataille & de Clery, à qui elle fit de gros avantages.

Enfans. du Marquis de Ciré, & de Madeleine Henry.

19. René, second du nom, Comte de Culant, qui suit.

19. Henri de Culant, mort sans alliance.

19. Madeleine de Culant, Chanoineſſe Catholique-Réformée, dans les Etats de l'Electeur de Brandebourg, telle que la qualité lui eſt attribuée par Lettres-Patentes de Fréderic, Electeur de Brandebourg, données à Poſtdam le 23 Décembre 1684 : elle mourut en Hollande, & avoit paſſé la plus grande partie de ſa vie auprès de la Marquiſe de Ruvigny & du Marquis de Ruvigny, ſon oncle.

XIX. RENÉ, ſecond du nom, Comte de Culant, Chevalier, Seigneur Baron de Ciré, Flaſſais, St-Meme, le Grollet, la Barde le Menix & de Champ-Fleury, eut de très-bonne heure une Compagnie de Cavalerie dans le Régiment de Gr... mais ayant eu une querelle des plus vives avec ſon Colonel, qu'il ſoutint en homme valeureux & qui aime ſon honneur, celui-ci ne le lui pardonna jamais, & s'oppoſant de tout ſon crédit à ſon avancement, le Comte de Culant prit le parti de ſe retirer dans ſes terres & dans ſa Province, où il épouſa en 1679, Marie de Gombaud, Dame de Champ-Fleury & de la Népontiere, veuve de François de la Rochefoucaut, Marquis de Rroiſſac. Il fut choiſi pour commander la Nobleſſe de Saintonge, du reſſort de Saint-Jean d'Angely en 1695 & 1696, à l'occaſion d'une Flotte Angloiſe qui vint mouiller à l'Iſle d'Aix, & menaçoit d'une deſcente les côtes d'Aunis & de Saintonge, & reçut en conſéquence des ordres du Maréchal de Tourville, qui commandoit dans ces Provinces, qui lui écrivit de la Rochelle, le 6 Juillet 1696, pour qu'il s'y rendît ſans perdre de tems avec l'Eſcadron des Gentilshommes qu'il commandoit. Il mourut en 1715, & laiſſa de Marie de Gombaud, ſa femme, René-Alexandre de Culant, qui ſuit.

XX. RENÉ - ALEXANDRE, Marquis de Culant, Chevalier, Seigneur, Baron de Ciré, Flaſſais, Saint-Meme, le Grollet, Champ-Fleury, l'Iſle & le Frignan en Provence, avoit été élevé dans la Religion Proteſtante, juſqu'à l'âge de neuf ans, qu'il fut enlevé par lettre du petit cachet, & converti à la Foi Catholique & Romaine. Il fit pluſieurs campagnes, Capitaine dans un Régiment d'Infanterie de nouvelles levées qu'il étoit fur le point d'acheter, en ayant obtenu l'agrément lorfque le Régiment & lui furent faits Prifonniers de Guerre, & enfuite réformés à la paix qui fuivit ; ce qui le détermina à fe retirer dans fa Province, où il époufa le 31 Juillet 1710, Jeanne d'Aiguiĕres, Dame du Frignan, fille de feue Geneviéve de Meaux, Dame de l'Ifle en Poitou, & de feu Louis d'Aiguiĕres, d'une très-ancienne Maifon de Provence, qui fe trouvoit pour lors à Saintes, dans la maifon de M. de Brémond d'Orlac, leur parent & ami commun. * Le Marquis de Culant follicité & aidé fortement par la dame d'Aiguiĕres, fa digne époufe, parvint à rétablir les affaires de fa Maifon, ayant fait caffer en 1730 les faifies-réelles des Terres de Ciré, Saint-Meme & le Grollet. Il mourut trois mois aprés fa femme, le 20 Janvier 1744 : la Maifon de Meaux a donné à l'Ordre de Malte un Grand Priĕur de France, & celle d'Aiguiĕres, plufieurs Chevaliers, Commandeurs & un Grand-Prieur de Toŭloufe.

Enfans du Marquis de Culant, & de la Dame d'Aiguiĕres.

21. René de Culant, mort au berceau.

21. Marie-Geneviéve de Culant, mariée à M. le Marquis de Chatellaillon, Grand Sénéchal d'Aunis.

* Cette double parenté venoit des alliances que Meffieurs de Brémond avoient prifes avec les Gombauds & les de Meaux, aieuls maternels du Marquis de Culant & de la Dame d'Aiguiĕres, fa femme. On a vû plus haut que Charles de Brémond, Seigneur de Balanzac, Echanfon de Monfeigneur le Dauphin, avoit époufé en 1531 N. de la Rochebeaucour ; Charles de Brémond, fecond du nom, Baron d'Ars, Seigneur de Coulonge, du Charellier, &c Chevalier de l'Ordre du Roi, Gouverneur & Commandant des Provinces de Saintonge & d'Angoumois, eut de Louife de Valzergues, haut & puiffant Jozias de Brémond, Baron d'Ars, Seigneur du Bouchet, Coulonges, Dompierre, Lueé, Gimeux, &c. fameux par fon combat avec René de Savoye, Comte de Tende, qui l'avoit appellé en duel, & qu'il tua à Frefne, près Paris, au mois de Juillet 1565. Il fut fait Maréchal des Camps & Armées du Roi, nommé Député pour la Nobleffe d'Angoumois aŭx Etats Généraux, en 1614, & Commandant de cette même Nobleffe en 1630 il avoit époufé en 1600, & le 3 Novembre, Demoifelle Marie de la Rochefoucaut, Fille de François de la Rochefoucaut, Seigneur, Baron de Montendre & de Mondion en Saintonge, & d'Hélene de Goulard, dont il eut entr'autres Gabrielle de Brémond, mariée en 1629, avec Gabriel de Gombaud, Chevalier, Seigneur de Champ-Fleuri.

21. Marie-Gabrielle de Culant, femme de Joſeph d'Auray, Comte de Brie de Gavaudun.

21. René-Alexandre, ſecond du nom, Marquis de Culant, qui a continué la poſtérité.

21. N. de Culant, mort en bas âge.

21. N. de Culant, auſſi mort jeune.

21. Marie-Théréſe de Culant, mariée à Auguſte-Henri Baudouin de la Nouë, Seigneur du Vieux-Fief.

21. Alexandre de Culant, dit le Chevalier de Culant, qui ſervoit dans la Marine, mort ſur les Vaiſſeaux du Roi, n'ayant point encore pris d'alliance.

XXI.   RENÉ-ALEXANDRE, ſecond du nom, Marquis de Culant, Chevalier, Seigneur, Baron de Ciré, Flaſſais, Champ-Fleury, l'Iſle, &c. eſt entré au Service dans le Régiment du Roi, Infanterie, à la fin de 1735, enſuite Capitaine de Cavalerie au Régiment de Royal-Pologne, dans lequel il a fait les Campagnes d'Allemagne, juſqu'en 1744 : retiré du ſervice la même année, à cauſe de la mort de ſon pere, dont la ſucceſſion demandoit néceſſairement ſa préſence ; employé en qualité de Lieutenant-Colonel de Dragons, ſur les côtes d'Aunis en 1747 & 1748 ; retiré à la paix qui ſe fit alors ; employé de rechef ſur les côtes d'Aunis, Saintonge & Poitou, en qualité de Colonel de Dragons pendant toute la derniere Guerre, Chevalier de St Louis, au mois de Mars 1763, & pourvû du Brevet de Meſtre de Camp de Dragons, avec l'attache de M. le Duc de Chevreuſe, Colonel-Général, pour en prendre & tenir le rang dans les Troupes de Dragons de France, le 21 Octobre 1758.

Il a épouſé le 14 Octobre 1744, Marie-Marguerite-Hélene Bady de Dourlers, fille de feu Antoine-François Bady de Dourlers, Chevalier, Seigneur du Sart de Dourlers, Grand Bailli d'Aveſnes & de Dame Marguerite Rouillon de Caſtagne, Dame d'Arbres & de Normont ; il en eſt veuf depuis le 12 de Janvier 1747 : de ce mariage ſont ſortis.

D

22. Louis-Martin de Culant, mort en bas âge peu de tems après sa mere.

22. Charles - Alexandre , Comte de Culant, Mousquetaire du Roi , dans la seconde Compagnie , depuis le mois de Novembre 1762.

Branche de Culant du Vergébaux.

XVIII. RENÉ DE CULANT, Chevalier, Seigneur du Vergébaux en Poitou, second fils de Geoffroy de Culant, Baron de Ciré, & de Jaquette Mééhe, Dame d'Anqueville, par son trop grand attachement à la Religion Protestante, abandonna sa patrie où ses biens furent confisqués, & se retira en Hollande ; il s'y maria avec N. qui le fit pere de Geoffroy de Culant, qui suit.

XIX. GEOFFROY DE CULANT, Chevalier, Seigneur du Vergébaux en Poitou, revint dans sa patrie après la mort de son pere, & rentra dans ses biens. De son mariage avec Marie-Anne de Bonchamps, fille de N. de Bonchamps, Seigneur de la Baronniere en Anjou, il eut :

20. René-Alexandre de Culant, Seigneur du Vergébaux, qui fut élevé dans la Religion Catholique Romaine.

XX. RENÉ-ALEXANDRE DE CULANT, Chevalier, Seigneur du Vergébaux & de Marsay, mort le 12 d'Octobre 1764, âgé de 46 ans, avoit épousé Louise de Villiers, Dame de Marsay en Aunis, dont il laisse deux filles & un garçon âgé de 10 à 12 ans.

Branche de Culant d'Anqueville.

XVII. IZAAC DE CULANT, Chevalier, Seigneur d'Anqueville en Angoumois, troisiéme fils, de Geoffroy de Culant, Baron de Ciré, & de Jaquette Mééhe, Dame d'Anqueville, épousa en 1662 Marie de Culant, fille d'Henry de Culant,

Seigneur de Landrais son oncle, & de Françoise de Livienne, dont il eut :

19. Gabriel de Culant, qui continua la postérité.

19. Françoise de Culant, mariée en 1701 à N. de Mâne, Seigneur du Bois-Charente, Descouts & du Gazon.

19. Geneviéve de Culant, femme d'Alexándre de Chevreüil, Seigneur de Romefort.

19. Françoise-Marie de Culant, mariée à Pierre de Gobert, Chevalier, Seigneur du Mosnac.

XIX. GABRIEL DE CULANT, Chevalier, Seigneur d'Anqueville, marié le 27 Janvier 1699, avec Elisabeth de Hillaret, fille de N. Raimond de Hillaret & de Damoiselle N. Mestayer, en eut :

20. Gabriel de Culant, Seigneur d'Anqueville, mort jeune, sans alliance.

20. Marie-Elisabeth-Scholastique de Culant, femme de Joseph de Marin, Seigneur de S. Palais.

20. François-Louis de Culant, qui suit.

XX. FRANÇOIS-LOUIS, Comte de Culant, Chevalier, Seigneur d'Anqueville, après avoir servi quelques-tems dans Royal Artillerie, a épousé en 1724 Louise-Charlotte de Bénard, fille de Messire Charles de Bénard, Intendant de Marine à la Martinique, & de Dame Claire Portier. Il en est veuf ; de ce mariage sont sortis :

21. Louis-Alexandre, Comte de Culant, Chevalier, Seigneur d'Anqueville, par l'abandon que lui en a fait son pere, il a servi pendant dix-sept ou dix-huit ans Capitaine dans le Régiment de Bauvoisis ; il est actuellement Officier dans les Grenadiers à Cheval.

21. Claire-Jaquette de Culant, mariée en 1761 avec René de S. Hermine, Seigneur de la Barrierre, Chevalier de S. Louis, & Capitaine au Régiment de Rouergue.

Branche de Culant du Boulenois & de Savins.

MESSIEURS de Culant du Boulenois tirent inconteſtable-
ment leur origine du Berry, & l'époque, où un cadet de
la maiſon de Culant en Berry vint s'établir dans le Boulenois, eſt fixée par un ancien titre écrit en latin de 1212,
par lequel une Amelie Fulcherie, veuve d'un Arnoul ou
Renoul de Barbezieux, vend & tranſporte à Helie de Culant quatre boiſſeaux de. froment de rente, meſure de
Berry, ſur une piece de terre dont on donne les confron-
tations ; ce que celui-ci accepte pour lui & les ſiens, tant
du Berry, que du Boulenois. *Pro ſe & ſuis in Bitturigo & in
Boloniá.*

Cette piece eſt aſſez curieuſe pour être tranſcrite
ici.

On y trouvera du moins tout ce qui a pu en être déchif-
fré ; les eſpaces marquées par des points ſont des endroits
qu'on n'a pu lire, ſoit parce que l'écriture en étoit effacée,
où parce que le parchemin étoit uſé & mangé par les rats
à la fin des lignes ; on y remarquera ſans peine l'ignorance
des Latiniſtes du treiziéme ſiéclē.

UNIVERSIS preſentes Litteras inſpecturis, Amelia
Fulcherie, relicta quondam Arnaldi-Fulcherie de Barbe-
zillo.... preſentibus Litteris perpetuam dare fidem noveritis,
quod ego jam dicta Amelia vendidi & conceſſi, & me ven-
didiſſe & conceſſiſe liberè, purè & in perpetuum promīe &
meis heredibus pleno jure confiteor & publicè recognoſco
Heliæ de Culent, Equiti quatuor boſſellos frumenti ſeriſes
rendales ad menſuram de Bitturigo quos Helias Briand de
Criſtolio..... debebat & reddere tenebatur ſingulis annis,
infrà feſtum Beati Viviani ratione cujuſdam peciæ terræ ſitæ
in Parochiâ Beatæ..... antè terram Arnaldi Bruni ex unâ
partæ & terram ipſius Heliæ de Culent, ex alterâ pretio qua-
draginta ſolidorum turonenſium...... Renuncians exceptioni, non numeratæ pecuniæ, non traditæ, non ſolutæ,

non habitæ, non receptæ; & me de omni jure dominii, poffefionis & proprietatis quod in prædictis terra & frumento rendali habebam & habere poteram & debebam, quocumque jure, quâcumque ratione & quocumque titulo feu caufâ me deveftivi, & deffa fivi prome & meis heredibus & fucceftoribus in manu & prefentiâ Magiftri Guillelmi Ademari...... & ipfum Heliam de Culent pro fe & fuis in Bitturigo & in Boloniâ.... prefentiâ Magiftri Guillelmi Ademari, faffivi & in poffefionem indui corporalem & eidem Briandi de Criftolio, mandatum do, per has prefentes Litteras, ut, ex nunc & pofteà præfato Heliæ de Culent fupramentum frumentum folvat & reddat in perpetuò, & heredibus, & fucceftoribus ejufdem Heliæ pro ut ipfæ mihi folvere & reddere tenebatur...... confenfiens & cedens eidem Heliæ de Culent pro fe & fuis in Bitturigo & in Boloniâ, actionés quàs mihi competebam & compôtere poteram & debebam contra Heliám Briand, & quafcumque alias perfonnas...... & ipfum Heliam de Culent, in his procuratorem & dominum facio & conftituo in rem fuam...... fuper quibus terrâ & frumento promitto ego, verò fupradicta Amelia facere & preftare predicto Heliæ de Culent & fuis, in judicio & extra judicium contra omnem pertubatorem, impetitatorem, & contra quafcumque alias perfonas, plenum & perpetuum garimentum, me & omnia bona mea mobilia & immobilia, prefentia & futura eidem Heliæ de Culent, & fuis fub hoc obligando, ego jam fœpè dicta Amelia: Renuncians in hoc facto meo omni privilegio & beneficio de dote & ofclo & donatione propter nuptias non alienandas beneficio Velleïani confulti, omni, in integrùm reftitutioni, deceptioni ultrâ dimidiùm jufti pretii, omni exceptioni doli, fraudis, vis ac metûs, & in facto & cujuflibet lezionis & deceptionis levis & inceminis, & de uno acto, & alio fcripto, omni privilegio & ftatuto principali & regali edito & edendo, & privilegio crucis fumptæ & affumendæ, & omnibus exceptioribus & deceptionibus facti. Juravi ad fancta domini Evangelia, omnia fupradicta & fingula tenere perpetuò, & inviolabiliter obfervare........ heredes meos & fucceffores ad ea tenenda

& fervanda perpetuò, obligando & condemnendo. Quorum omnium fingulorum teftimonium & munimen do eidem Heliæ de Culent profe & fuis, prefentes Litteras figillatas prædicti Magiftri Guillelmi Ademari...... ad preces & inftantiam præfatæ Ameliæ figillum meum appofui... Datum die Sabatti poft octavam Pafchæ, anno Domini millefimo ducentefimo decimo fecundo. *Signé* ADEMAR, AMÉLIE, H. DE CULENT.

La bataille de Crecy gagnée par les Anglois en 1346, & la prife de Calais les ayant mis à même de fe répandre dans les Provinces voifines, & de les ravager, beaucoup de maifons & de familles nobles du Boulenois y perdirent leurs Titres; c'eft pourquoi il n'eft pas poffible d'établir une filiation non interrompue de ceux de la maifon de Culant, depuis qu'ils étoient venus s'établir dans le Boulenois, jufqu'au tems de la prife de Calais.

On trouve cependant dans un ancien Regiftre, que peu de tems après cette époque, vers l'an 1376, un Culant avoit époufé la fille de Guichard de Northoud, Chevalier, Seigneur d'Ifques, & c'eft à lui qu'on eft obligé de s'arrêter pour commencer cette Hiftoire Généalogique, dont il formera le premier degré; elle le fit pere.

: 2me *Degré.* De Guillaume de Culant, qui fuit.

II. GUILLAUME DE CULANT, Seigneur de S. Oüen, de S. Cyr & de Bernay, Homme d'Armes dans la Compagnie du Duc de Bourgogne, qui n'étoit compofée que de Gentilshommes les plus qualifiés, voyant fa Patrie devenue la proie de l'Anglois, auquel il ne voulut jamais fe foumettre, prit le parti, ainfi que la plûpart des Nobles de fa Province, de fe retirer dans les terres de l'obéiffance du Roi. Il étoit né à la fin du quatorziéme fiécle, environ l'an 1382; & pour réparer, autant qu'il étoit poffible, la perte qu'il venoit de faire des principaux Titres de fa Maifon, il fit faire une enquête en 1404, par devant le Mayeur & Echevins de la ville de S. Omer, dont on va donner ici l'extrait copié & collationé fur les anciens Regiftres de la ville de S. Omer.

PREMIER DÉGRÉ.

» NOUS, le Mayeur & Echevins, souffignés, avons
» examiné plufieurs témoins, & il nous a été par eux certifié,
» que ledit Guillaume de la maifon de Culant, étoit de
» noble & ancienne lignée, & allié à feu Meffire Guichard
» de Northoud, jadis Chevalier, Seigneur d'Ifques, & à
» Madame fa fille, à préfent femme de Meffire Lancelot
» de Liques, & à plufieurs autres Chevaliers du pays.

» Ceux qui ont dépofé enfuite, fout Arnoult de Ynez,
» Seigneur de S. Pierre ; Broue, Chevalier, fon coufin, au
» troifiéme degré, à caufe de fa feue Dame & mere ; Flo-
» rent de Liques, Ecuyer, Seigneur du Buiffon, coufin &
» parent en tiers de par feu Dame fa mere ; François de
» Courtheufe, Chevalier, Seigneur de Hondrecourt & de
» Dranoute, coufin en tiers de par feu fon pere ; & Guil-
» laume de Prendrefent, Seigneur de Fouquefoles, ont
» témoigné la même parenté, comme a fait auffi Georges,
» Seigneur de la Paulme & d'Eftembieque, Chevalier. Tous
» ces Seigneurs des frontieres de Picardie & d'Artois ont
» donné leurs atteftations féparées & fcellées de leurs ar-
» mes qui feront figurées dans les Regiftres. On y ajoutera
» même celles de Northoud, qui font une croix ancrée,
» brifées au franc quartier d'une coquille avec fon cri,
» BAWELINGHEM. Celles de Ynez font un chef, celles
» de Liques Bandé, de fix piéces avec une bordure, & bri-
» fées d'une étoile fur la troifiéme bande. Celles de Cour-
» theufe, font trois houzeaux pofés deux, & un cartel
» d'une croix ancrée. Celles de Fouquefoles, trois quinte-
» feuilles. Et celles de la Paume Facé, de fix piéces, &c.
» *Signé* Morcamp, Mayeur, & Liewin, Platel, Wiffoque,
» Echevins.

Pour l'établiffement de ces diverfes parentés, il falloit
que ceux de la maifon de Culant fuffent habitués depuis
long-tems dans le Boulenois, où ils avoient contracté tant
d'alliances illuftres. Auffi Guillaume de Cullant, expatrié,
& à qui il ne reftoit d'autre avantage que celui d'une haute
naiffance, (ce font les termes de M. l'Abbé le Laboureur,)
trouva-t-il un parti très-avantageux en biens & en qualité ; & c'eft ce qui le réfolut à s'établir en Brie, dans les

terres & parmi la parenté de fa femme Margueritte de Dicy, Dame d'Atilly & de plufieurs autres Seigneuries, fille de Guillaume de Dicy, Chevalier, qui mena l'an 1361 au fervice du Roi Charles V, quatre Chevaliers & treize Ecuyers, fuivant un rôle de montres de la Chambre des Comptes de Paris, & de Marie de Pacy, qu'André Duchêne fait defcendre de l'Illuftre maifon de Châtillon fur Marne. Cette alliance, dont il eft parlé en plufieurs endroits, eft encore confirmée par la dépofition faite en Juftice, le 6 de Juin 1466, par Guillaume de Culant, fecond du nom, lors âgé de cinquante ans, pour témoigner de la nobleffe de Renaud de Thumery ; il s'y dit fils de Guillaume de Culant, Chevalier, Homme d'Armes de Monfeigneur le Duc de Bourgogne, & de Damoifellé Margueritte de Dicy.

Enfans de Guillaume de Culant & de Margueritte de Dicy.

3. Claude de Culant, Seigneur de Bernay. En ce tems-là, Henry, Roi d'Angleterre, étoit Roi de Paris; & comme quelques Mémoires portent qu'un des fils de Guillaume de Culant fortit de Paris pour-fuivre le Roi d'Angleterre, cela pourroit s'attribuer à celui-ci, dont on ne trouve autre chofe, finon qu'il fit hommage aū Roi, de fa terre de Bernay, le 22 Octobre 1418, à caufe de la Châtellenie de Tournan en Brie.

3. Philippe de Culant, Seigneur de S. Oüen, de Bufferoles & du Perron, mort fans enfans.

3. Guillaume de Culant, qui continua la poftérité.

3. Louis de Culant, qui a fait branche.

3. N. de Culant, mariée à N. de Brumfay, Seigneur de Quincy.

III.   GUILLAUME DE CULANT, fecond du nom, Seigneur de S. Oüen, S, Cyr, Bufferóles, du Perron, Ghoré & de la Motte d'Atilly, naquit en 1416 ; puifqu'il fe dit âgé de cinquante ans, dans l'enquête qui fut faite en Juftice le 6

de

de Juin 1466, pour justifier de la noblesse de Renaud de Thuméry.

Il fit hommage de sa terre du Perron à Jean, Comte de Roucy, Seigneur de Montmirel & de la Ferté Gaucher, le 8 Juin 1460, en présence de Louis de Culant son frere. Il avoit épousé Margueritte de Thumery, fille de Gobert de Thumery, Seigneur de Boissize, & de N. fille de Jean de Chasserat, qui, à cause de N. de Chante Prime, sa mere, avoit l'honneur d'attoucher de parenté aux maisons d'Orgement & de Montmorency. De ce mariage, sont sortis :

4. Claude de Culant, Chevalier, Seigneur de S. Oüen, & Maître d'Hôtel du Roi, qui continua la postérité.

4. Eutrope de Culant, Seigneur de S. Cyr. qui a fait branche.

4. Martin de Culant, qui vendit à Claude, son frere aîné, sa maison à Paris, appellée l'Hôtel de Culant, sise en la vielle rue du Temple, par acte du 4 Janvier 1486, où il est qualifié Ecuyer Tranchant de Damoiselle Jeanne d'Orléans, Comtesse de Taillebourg, cousine germaine du Roi Louis XII. Il mourut sans enfans ; on ne sçait même s'il fût marié.

4. N. de Culant mariée à Jean de la Roque, Seigneur de Bussy-Saint-Georges.

IV.   CLAUDE DE CULANT, Chevalier, Conseiller & Maître-d'Hôtel du Roi, Seigneur de S. Oüen, Busserolles, le Perron, Vaucourtois, & Pierre Levée succéda à Guillaume de Culant son pere, selon le Registre des Ensaisinemens de la terre du Perron Ghoré, rendit hommage pour ladite terre à Robert de Sarrebruche, Comte de Braine & de Roucy ; & dans l'acte, il dit qu'elle lui est échue par la mort de Guillaume de Culant son pere. Il suivit le Roi Louis XII dans toutes ses guerres, qui l'honnora de la charge de son Maître-d'Hôtel ; & il mérita d'être fait Chevalier, dignité si considérable en ce tems, que les Rois mêmes l'acceptoient. Il mourut le 27 Octobre 1505 ; il avoit épousé en secondes nôces, Jeanne de Vérez, Dame de Vaucourtois, & de Pierre

Levée, de l'illuſtre maiſon de Vérez, fondue dans celle de Brichanteau Nangis, dont il n'eut point d'enfans ; mais il laiſſa de ſa premiere femme, Margueritte d'Orgemont, arriere-petite-fille de Pierre d'Orgemont, premier Préſident du Parlement & Chancelier de France, ſous Charles V, quatre garçons & trois filles.

5. Claude de Culant, duquel ci-après.

5. Robert de Culant, marié à Damoiſelle Claude de Marcouville, dont il n'eut point d'enfans.

5. Nicolas de Culant, Seigneur de la Broſſe, qui a fait la branche de Culant de la Broſſe ou de Savins, qui ſera rapportée après celle de ſon frere aîné.

5. Denis de Culant, Seigneur de Buſſeroles, qui a auſſi fait branche.

5. Jeanne de Culant, mariée en premier lieu à Jean de Lernes, dont elle n'eut point d'enfans, & en ſecondes nô-ces avec Jean d'Aguerre, Seigneur de Villette, près de Fimes.

5. Claude de Culant, qui mourut fille.

5. Olive de Culant, Religieuſe à l'Abbâye de Jouarre.

V. CLAUDE DE CULANT, ſecond du nom, Chevalier, Seigneur de S. Oüen, de Pierre Levée & de Chavigny, partagea la ſucceſſion de Claude de Culant ſon pere, avec ſes freres & ſœurs le 2 Juin 1506, avec qui il paſſa encore une ſeconde tranſaction le 17 d'Octobre 1509 ; & dans cette tranſaction, ils ſe diſent tous enfans de très-noble Seigneur Claude de Culant, en ſon vivant, Chevalier, Seigneur de S. Oüen, Buſſerolles, le Perron - Ghorré, Vaucourtois, Pierre Levée, &c. Claude de Culant, ſecond du nom avoit épouſé Demoiſelle Jeanne de Lernes, dont :

6. François de Culant, Seigneur de S. Oüen, mort ſans enfans ; il laiſſa une ſucceſſion fort obérée : la terre de Saint Oüen fut décrétée ſut lui, & adjugée enſuite à Nicolas de Culant, Seigneur de la Broſſe, ſon oncle.

6. Balthazar de Culant, mort ſans alliance : en lui finit la branche de S. Oüen.

Branche de Culant de Savins.

V. NICOLAS DE CULANT, Chevalier, Seigneur de S. Oüen, de la Broſſe, Charneſoy, du Perron - Ghorré, Guidon de la Compagnie de cent Hommes d'Armes de Robert de la Marck, Duc de Bouillon, Prince de Sedan & Maréchal de France, étoit le troiſiéme fils de Claude de Culant, Chevalier, Seigneur de S. Oüen, Maître-d'Hôtel du Roi Louis XII, & de Margueritte d'Orgemont, ainſi qu'il eſt porté dans uñ dénombrement qu'il rendit au Roi, de ſa terre de la Broſſe en 1540, où il s'excuſe de n'avoir-pas ſatisfait plutôt à ce devoir ; parce qu'il avoit toujours porté les armes depuis l'avenement à la Couronne du feu Roi Louis XII, & été au ſervice & des Ordonnances de Leurs Majeſtés, juſqu'à la mort du Maréchal de la Marck, ſon Capitaine, tant qu'il lui a convenu de s'en retirer par vieilleſſe, &c.

De trois femmes que Nicolas de Culant épouſa, la premiere ſe nommoit Margueritte d'Arigny , & mourut ſans enfans. Il ſe remaria quelque tems après avec Antoinette de l'Illuſtre maiſon de Longueval, dont une branche ſubſiſte encore dans les Comtes de Bucquoi, Princes de Roſemberg en Bohême. Elle étoit fille de Robert de Longueval, Seigneur de Tenélles, Bailli d'Arras, & de Jeanne le Boulanger, dont le pere, Jean le Boulanger, Seigneur de Jaqueville & de Montigny en Brie ; étoit premier Préſident du Parlement à Paris, il n'en eut point d'enfans; & quant à Edmée de Blocqueaux , troiſiéme femme de Nicolas de Culant, il l'épouſa par contrat de mariage du 12 Janvier 1519 : elle en étoit veuve avant l'an 1542, & mourut le 15 Mai 1572 : leurs enfans ſont ;

6. Nicolas de Culant , ſecond du nom , qui continua la poſtérité.

6. Claude de Culant, mineur & ſous la garde - noble d'Edmée de Blocqueaux ſa mere, en 1542, mort jeune & ſans alliance.

6. Roberde de Culant, mariée le 8 de Juillet 1553, à

Charles Combaut, Seigneur de Vaſſeux, Gentilhomme ordinaire de la Chambre de Roi.

VI.   NICOLAS DE CULANT, ſecond du nom, Chevalier, Seigneur de S. Oüen, la Broſſe, Charneſoy, du Perron & de
Courcilly, Gentilhomme ordinaire de la Maiſon du Roi,
& Gentilhomme d'honneur de la Reine Louiſe, fut d'abord
Page du Cardinal de Lorraine, & le fut très-peu de tems,
s'étant battu & ayant tué d'un coup d'épée le nommé Bre-
ton, qui étoit au ſervice du Cardinal, comme le porte la
grace qu'il obtint du Roi, vérifiée au Parlement l'an 1548;
elle témoigne qu'il n'avoit que quinze ans, qu'il étoit fils
de Nicolas de Culant & d'Edmée de Blocqueaux, & Page
du Cardinal de Lorraine.

Il ſervit depuis toujours le Roi ſon maître dans ſes Armées, ce qui eſt témoigné dans les preuves de nobleſſe de
Nicolas de Culant, Chevalier de Malte ſon petit fils, par
Meſſire Chriſtophe des Urſins, Chevalier des Ordres du
Roi, Marquis de Traiſnel, & par Nicolas de Brichanteau,
auſſi-Chevalier des Ordres du Roi, Marquis de Nangis,
qui dépoſa-même que ce Seigneur de Culant de la Broſſe
s'étoit ſignalé dans les guerres Civiles de la Religion,
& avoit été bleſſé d'un coup de piſtolet à la bataille de
Dreux.

La grande conſidération dont il jouiſſoit, engagea André
de Hay, Chevalier, Seigneur de Savins & de Juſtigny, de
Brouville-le-Chatellier & Pacy, mari de Margueritte de
Culant, ſœur d'Olivier de Culant, Baron de Ciré, Com-
miſſaire nommé du Roi pour les montrés & convocations
du ban & arriere-ban de Champagne, de le choiſir pour
Adjoint à cette commiſſion, par Lettres données à Savins le
16 de Septembre 1568; il mourut en 1596; il avoit épouſé
par contrat de mariage le 16 Mars 1557, Louiſe de Poſtel,
fille de Damoiſelle Sanguin de Livry, & de Jean de Poſtel,
Chevalier, Seigneur d'Ormoy, d'Ailly & de Couberon,
dont un des ancêtres Louis de Poſtel en 1397, avoit épouſé Jeanne de Courtenay, Dame de Tanlay, fille de Philippe de Courtenay & de Philiberte de Châteauneuf.

Enfans de Nicolas de Culant & de Louise de Postel.

7. Jacques de Culant, mort jeune & sans alliance.
7. Louis de Culant, qui suit.

VII.   LOUIS DE CULANT, Chevalier, Seigneur de S. Oüen, la Brosse, le Perron, Charnesoi, Monceaux, Fontaine-Geoffroy & de la Montagne, suivit Philippe Strozzi, Colonel de l'Infanterie Françoise qui l'en avoit fait solliciter, dans l'expédition que ce Général fit pour tenter, en son nom, la conquête du Portugal; mais cette guerre fut malheureuse & bien-tôt terminée, par la bataille de Ste. Anne, gagnée par les Espagnols, qui firent main-basse sur les Prisoniers François, qu'ils égorgerent ou noyerent presque tous. Louis de Culant, fut du petit nombre qu'ils épargnerent, & conduit prisonnier à Lisbonne. Christophe des Ursins, Seigneur de la Chapelle, Marquis de Traisnel, ami de son pere & son allié, s'entremit de sa délivrance par le moyen de Joseph Lambert, Gentilhomme Luquois: il traita avec lui à Paris le 11 Novembre 1582; & par lettre de change adressante à Fernand Moules, il lui fit toucher tteize cens écus pistoles, dont il en paya mille pour sa rançon au Seigneur Alferés, Barthelemy de Thoralmes.

Il succéda à Nicolas de Culant son pere, dans toutes ses terres l'an 1596, comme il se voit dans les preuves faites pour Guillaume de Culant, Chevalier de Malte son fils. Il avoit épousé, par contrat de mariage, passé à la Ferté-Aleps en 1595, Catherine de Bréne, Dame de Monceaux & de la Montagne, fille de Pierre de Bréne, Seigneur de Marchais & Boutigny, & d'Anne de l'Enharré, Dame de Monceaux, dont il eut:

8. Louis de Culant, Maréchal des logis, Général de la Cavalerie Françoise, duquel ci-après:

8. François de Culant, Seigneur de Monceaux, qui a fait branche.

8. Nicolas de Culant, Chevalier de Malthe.

8. Guillaume de Culant, Chevalier de Malthe, Receveur du commun Tréfor, enterré à Paris, dans l'églife du Temple.

8. Pierre de Culant, Chevalier de Malthe, puis Commandeur d'Auxerre, Tréforier du Tréfor Commun, Grand Hofpitalier de Malthe & Grand Prieur de Champagne.

8. Nicolas de Culant, mort au fervice des Etats de Hollande.

8. Louife de Culant, Religieufe au Paraclit.

8. Gabrielle de Culant, morte fans alliance.

VIII.   Louis de Culant, fecond du nom, Chevalier, Seigneur, de S. Oüen, la-Broffe, le Perron, Bufferoles, Charnefoy, de Savins & de Juftigny, Capitaine-Lieutenant des Chevaux Légers du Duc d'Angoulême, Maréchal général des Logis de-la-Cavalerie Légere de France, par commiffion du 9 Septembre 1636, &c.

Il partagea avec fes freres le 27 Juin 1613 : outre la part que le droit d'aîneffe lui donnoit dans la fucceffion de Louis de Culant fon pere, il y rejoignit encore les terres de Savins & Juftigny, qui avoient appartenu à ceux de fa maifon depuis plus de deux cens ans, par la donation que lui en fit Paul Stuart, iffu de la Maifon Royale d'Ecoffe, petit-fils d'André de Hay, des anciens Comtes d'Harolft en Ecoffe, Seigneur de Brouville & de Margueritte de Culant, Dame de Savins, fœur d'Olivier de Culant, Baron de Ciré. Paul Stuart defcendoit par Güillaume de Stuart fon pere & de Roberthe-de Hay fa mere, de Jean Stuart, mari de Claude d'Hallewin; fe voyant fans enfans, bien que les Seigneurs de Culant, Barons de Ciré, fes ancêtres maternels, fuffent fes plus proches parens; à caufe de leur éloignement de la Province qu'il habitoit, & fur-tout à caufe de leur attachement fans bornes à la Religion Proteftante; il leur préfera Louis de Culant, Seigneur de Saint Oüen & de la Broffe, & fes freres avec qui fes peres vivoient depuis long-tems dans la-plus-étroite liaifon dans la même Province, & leur fit don entre-vifs des terres de Savins & Juftigni, le 25 Août 1637.

Louis de Culant avoit épousé le 19 Janvier 1619, Louise de Véelu, fille d'Etienne de Véelu, Chevalier, Seigneur de Pacy, & de Dame Marie de Lamet, qu'on fait descendre de l'illustre maison de Neuville en Artois, qui, au dire de M. l'Abbé le Laboureur, donna une Impératrice à la Grece, Epouse de Robert de Courtenai, Empereur de Constantinople.

De ce mariage est sorti Louis de Culant, troisiéme du nom, Seigneur de Savins, qui suit.

IX.   Louis de Culant, troisiéme du nom, Chevalier, Seigneur de Savins, Justigny, S. Oüen, la Brosse, le Perron, Busserolles, &c. épousa Marie-Jeanne d'Elbéne, fille de Messire Gui d'Elbéne, Chevalier, Chambellan de Gaston de France, Duc d'Orléans, Capitaine-Lieutenant de ses Chevaux Légers, & de Charlotte de Refuge, d'où sont sortis :

10. Louis de Culant, duquel ci-après :

10. Alphonse de Culant, Chevalier de Malthe, ensuite Commandeur de Couloumiers & Grand Prieur de Champagne.

10. Antoine de Culant.

10. Claude de Culant.

10. Madeleine de Culant.

10. Jeanne de Culant.

10. Anne Françoise de Culant.

X.   Louis de Culant, quatriéme du nom, Chevalier Seigneur de Savins, Justigny, S. Oüen, le Perron, &c. marié en 1683 avec Valentine le Sec du Tart, qui l'a fait pere de :

11. Louis Alphonse de Culant, qui suit.

XI.   Louis Alphonse, Marquis de Culant, Chevalier, Seigneur de Savins, Justigny, S. Oüen, Ribourdin, &c. marié le 4 de Septembre 1714, avec Marie-Emée Chevalier, Dame de Ribourdin, fille d'Auguste Chevalier, Seigneur de Ribourdin & d'Anne-Françoise de Blanchefort, veuve le 2 d'Août 1742, morte l'année derniere 1764, d'où :

12. Louis-Nicolas-Auguste Valentin, Marquis de Culant, dont on va parler.

12. Hubert-Louis de Culant, Chevalier de Malthe, Commandeur de.......

12. Marie-Thérèse Emée, Demoiselle de Culant.

12. Marie-Anne de Culant, Dame de S. Oüen, mariée à N. Sieur de Ligny.

XII. LOUIS-NICOLAS-AUGUSTE VALENTIN, Marquis de Culant, Chevalier, Seigneur de Savins, Justigny, le Bois de la Barre, &c. né le 2 d'Octobre 1715, a épousé en 1750, Demoiselle Marie-Gabrielle-Durand d'Auxy, fille de N. Durand, Marquis d'Auxy, Grand Maître des Eaux & Forêts de la Province de Bourgogne, de laquelle il a plusieurs enfans des deux sexes.

Branche des Seigneurs de Monceaux.

VIII. FRANÇOIS DE CULANT, Chevalier, Seigneur de Monceaux, second fils de Louis de Culant, Seigneur de la Brosse, & de Catherine de Bréne, à qui la Terre de Monceaux échut en partage, le 7 d'Août 1613 : épousa Marie du Laurens d'où sortit Louis de Culant, Seigneur de Monceaux, qui suit.

IX. LOUIS DE CULANT, Chevalier, Seigneur de Monceaux, fit plusieurs Campagnes, Capitaine de Cavalerie, dans le Régiment d'Enghien, & se maria ensuite avec Geneviéve de la Boissiere, fille de Philippe de la Boissiere, Seigneur de Sainte Marie-des-Champs, Lieutenant des Cent-Suisses de la Garde du Roi, Gouverneur de la Ville & Château de Crécy, & de Marie Perrochel, niéce de N. Perrochel, Evêque de Boulogne : il ne paroît pas qu'il ait laissé de postérité.

Branche

Branche des Seigneurs de Busserolles.

V. ▪Denis de Culant, Seigneur de Busserolles, quatrieme fils de Claude de Culant, Chevalier, Seigneur de Saint-Ouen, de Busserolles, &c. Maître d'Hôtel du Roi, & de Margueritte d'Orgemont, fit partage avec ses freres le 2 de Juin 1506 : la Terre de Busserolles lui échût. Il étoit mort en 1532, que Catherine l'Huillier se dit veuve de lui dans l'ensaisinement d'un contrat du 19 Décembre 1533. Leurs enfans sont,

6. Charles de Culant, duquel ci-après.

6. Nicolas de Culant, Seigneur en partie de Busserolles, ne laissa point d'enfans de trois femmes qu'il épousa, sçavoir, Adrienne d'Autruy, N. d'Albert, & Marie Clément.

6. Madeleine de Culant, Religieuse à l'Abbaye de Jouarre.

VI. Charles de Culant, Seigneur de Busserolles, Homme d'Armes des Ordonnances du Roi, avoit épousé le 7 Août 1540, Margueritte des Mârets, fille d'Anne des Mârets, & de Jeanne de Grouches, d'où Charles de Culant, qui suit.

VII. Charles de Culant, second du nom, Chevalier, Seigneur de Busserolles, contracta mariage le 12 de Novembre 1544, avec Marie du Val, fille de Jean du Val, Seigneur de Clermont, & d'Antoinette Picot, dont il n'eût point d'enfans.

Branche des Seigneurs de Saint Cyr.

IV. Eutrope de Culant, Seigneur de Saint Cyr, du Petit-Bourg-Baudouïn, & de Limeil, second Fils de Guillaume de Culant, second du nom, & de Marguerite de

Thumery, eut en partage la Terre de Saint Cyr, dont il régla les limites, par transaction du 16 Juin 1485, avec Claude de Culant, son frere aîné. Il épousa Antoinette de Montmorency, & de ce mariage sortirent,

5. Philippe de Culant, Seigneur de Saint Cyr, duquel ci-après

5. Louis de Culant, Capitaine de Château Chinon, mariée avec Perronne Leger, dont il n'eut que des filles. Hélene de Culant, femme de Jean de Marans, Seigneur d'Hommes & de Saint Martin, Chevalier de l'Ordre du Roi; Catherine de Culant, mariée à Jacques de Muret, Seigneur de Mondamant, & Jeanne de Culant, veuve de Jean-de-Lernes, Seigneur de Mesmin, l'an 1561.

5. Hélene de Culant, qualifiée tante de Béatrix de Culant, assista à son contrat de mariage, l'an 1570.

V.   PHILIPPE DE CULANT, Chevalier, Seigneur de Saint Cyr, Lieutenant d'une Compagnie de cinquante Lances, Conseiller, Maître d'Hôtel du Roi, ainsi qu'il se qualifie dans le contrat de mariage de Béatrix, sa fille, en 1570, avoit épousé Anne de la Fontaine, veuve du Seigneur de Saint Just, & fille de Roland de la Fontaine, Seigneur de Lesches & de Perrette de Boulainvilliers; Denise de la Fontaine, sa petite niéce s'allia avec la Maison de Saint Simon, & fut mere de Claude, Duc de Saint Simon, Pair de France, & Chevalier des Ordres du Roi. Du mariage de Philippe de Culant, & d'Anne de la Fontaine, sont sortis,

6. Philippe de Culant, mort sans postérité.

6. Heleine de Culant, mariée à Adrien, Seigneur des Fossés & de la Forêt de Guay, dont il fit don à Béatrix de Culant, Dame de Saint Cyr, sa belle-sœur.

6. Louise de Culant, femme de Louis de Millau, n'eut point d'enfans, non plus que sa sœur aînée.

6. Béatrix de Culant, Dame de Saint Cyr, devenue l'Héritiere de sa Maison.

VI.   BEATRIX DE CULANT, Dame de Saint Cyr, &c. consi-

dérée comme future Héritiere des biens de sa Maison,
même du vivant de ses pere & mere & de ses sœurs, mariée le 19 de Décembre 1570, avec Charles de Fleuri,
Seigneur du Buat. Il fut stipulé dans le contrat que le
second enfant qui naîtroit de ce mariage, porteroit le nòm
& les armes de Culant, conjointement avec ceux de Fleuri,
& qu'il auroit, par préciput, outre sa part héréditaire, un
Hôtel Seigneurial à son choix.

Toute la parenté de Béatrix de Culant, pere, mere,
oncle & sœurs assisterent au contrat, d'une part, & Jean
de Blocqueaux, second mari de Barbe de la Sangle,
mere de Charles de Fleuri, & chargé de sa procuration,
y assista d'autre part. La Maison de la Sangle a donné un
Grand-Maître à l'Ordre de Malthe, Philippe de la Sangle.

Enfans de Béatrix de Culant, & de Charles de Fleury.

Louis de Fleury, Seigneur de Varennes, marié en
1615, avec Marie Piédefer. De lui sont sortis les autres
Seigneurs de Varennes.

7. Philippe de Culant & de Fleury, Seigneur du Buat,
dont on va parler.

7. Charlotte de Fleury, femme de Charles Berzeau,
Seigneur de la Grange.

7. Louise de Fleury, Dame de Jameron, mariée à Jozias de Thouars, Seigneur de Bauregard.

7. Anne de Fleury, veuve du Seigneur de Grammont,
l'an 1615.

VII.   PHILIPPE DE CULANT ET DE FLEURY, Chevalier, Seigneur du Buat, de la Forêt du Guay, de Courcelles, de
la Noue, de Morot, de Saint Cyr & de la Boissiere, Colonel entretenu par les Etats d'Hollande.

Barbe de la Sangle, son ayeule Maternelle, s'étant laissé
prévenir par ceux de la Religion Protestante y attira sans
peine Charles de Fleury, son fils; & Philippe de Culant

& de Fleury, Seigneur du Buat, qui étoit né dans cette profession, se résolut d'aller servir sa Religion en Hollande, où il parvint de simple Volontaire aux Charges de Capitaine & de Colonel d'un Régiment d'Infanterie, où il acquit tant de réputation, que toute la jeune Noblesse qui alloit apprendre la guerre en Hollande, prenoit parti sous lui, & de ce nombre fut le Maréchal de Guébriant, lors appellé Duplessis Budes.

Il épousa le 22 de Juin 1615, Ester de Félins, fille de Robert de Félins, Seigneur de Bantelu ; & de Gabrielle du Breuil, Dame de Couloigne, qui avoit l'honneur d'appartenir à la Duchesse de Vendôme. De ce mariage sont sortis

VIII.   HENRI DE CULANT ET DE FLEURY, Chevalier, Seigneur du Buat & de Saint Cyr, Capitaine des Gardes du Prince d'Orange ; jeune Gentilhomme de grande espérance, qui périt d'une mort funeste à la Haye, pour avoir trop entrepris pour délivrer ce Prince de l'oppression des Hollandois.

VIII.   GABRIELLE-ESTHER DE FLEURY ET DE CULANT, devenue Héritiere de sa Maison, épousa en premieres nôces, Samuel de Félins, Seigneur de Bantelu, & après sa mort, elle reprit une seconde alliance avec N. de Vimeut, Chevalier ; Seigneur de Rochambaut.

Branche des premiers Seigneurs de Savins & de Bernai.

III.   LOUIS DE CULANT DE SAVINS ET DE JUSTIGNY, quatrieme fils de Guillaume de Culant, & de Margueritte de Dicy, avoua tenir du Roi, en 1445, & le 2 de Septembre 1461, les Seigneuries de Savins & de Justigny, qu'il dit appartenir à demoiselle Etiennette de Vaux, sa femme, fille d'Houdard de Vaux, Chevalier, & de Jeanne de Mittai. Il étoit vraisemblablement mort vers l'an 1476, car son fils Guillaume de Culant lui avoit succédé avant le

16 d'Octobre 1477 , qu'il fit hommage au Roi pour la Seigneurie de Bernay.

Enfans de Louis de Culant, & d'Etiennette de Vaux.

4. Guillaume de Culant , qui continua la postérité.

4. Jean de Culant , Seigneur de Savins & de Justigny , qui , se voyant sans enfans , fit donation de ces deux Terres à Olivier de Culant , Baron de Ciré.

4. Agnès de Culant.

IV.   GUILLAUME DE CULANT, Seigneur de Bernay, Baucheri, Chanteloup, la Fontaine, Charles-Maison, Taschi, des Queux & de Mirouàrt, épousa Catherine de Girême, qui lui porta en dot les Terres de Baucheri, Chanteloup, Charles-Maison, &c. Elle étoit d'une ancienne Maison de la Brie, & fille de N. de Girême & de Blanche de Vaudrai.

Jean de Courtenai, Seigneur de Bleneau & de la Grange , eut de grands différens avec lui pour la pêche de la Riviere de Rozoi , mais ils furent terminés par l'arbitrage de Jean Godinat ; Avocat du Roi , à Provins , l'an 1482.

Enfans de Guillame de Culant , & de Catherine de Girême.

5. Louis de Culant , Seigneur de Bernay , mort jeune sans alliance.

5. Pierre de Culant , qui suit.

V.   PIERRE DE CULANT , Chevalier , Seigneur de Bernay, Beaucheri, la Maison-Rouge, Taschi ; Charles-Maison, Chanteloup, Richebourg , la Fontaine , &c. est nommé dans le bail que Catherine de Girême , sa mere , passa à Etienne & Guillaume Foucaut , freres de la Terre de Bershay. Par son testament du 26 de Janvier 1552, on apprend qu'il avoit épousé Demoiselle Suzanne de Sorbieres, lors défunte, auprès de laquelle il élut sa sépulture devant le grand Autel de l'Eglise de Saint Pierre de Bernay; & André de Hay, Seigneur de Savins, à qui il avoit légué les Terres de Taschi & de Charles-Maison, lui fit faire, selon qu'il l'avoit ordonné, une pierre sépulchrale, sur laquelle il est représenté avec sa cotte d'armes, & auprès de lui, Suzanne de Sorbieres, vétue de long, avec une robe semée de ses armes. Il fit donation en mourant à Philippe de Culant, Seigneur de Saint Cyr, de la meilleure partie de ses biens, & entre autres de la Seigneurie de Bernay; il n'eut point d'enfans, en lui finit la branche des Seigneurs de Bernay.

Il y a encore d'autres Seigneurs du nom de Culant, il y en a deux en Bourbonnois, il ne paroît pas qu'ils ayent jamais porté d'autres armes que celles des Barons de Brécy & de Ciré, qui sont un Lion d'or sur un champ d'azur, semé d'étoiles d'or. L'un a passé à Cayenne il y a plus de vingt-cinq ans, & s'y est marié. L'autre ancien Chevalier de Saint Louis, & ancien Capitaine au Régiment de Hainaut, réformé & retiré chez lui avec quatre cens francs de pension; c'est à eux de prouver de quelle branche ils descendent, si c'est de celle de Brécy, ou de celle du Boulenois & de Brie.

COPIE d'une Lettre de M. de la Chenaye des Bois, à M. le Marquis de Culant Ciré, du 2 Avril 1765.

» Vous avez bien lû, Monsieur, l'addition à l'article,
» CULANT, insérée tome IV, ou premier volume de sup-
» plément au Dictionnaire Généalogique, page 531 : &
» vous ne vous êtes pas donné la peine de voir dans le mê-
» me volume, page 731 & suivantes, la Généalogie de
» vôtre Maison, telle que vous me l'avez remise vous-même.

» Je dis dans les préfaces de cet Ouvrage que je n'em-
» ploye que les Mémoires & Additions qui me font envoyés,
» & que je ne garantis que ceux que j'ai dreſſés moi-même
» ſur les originaux qui m'ont été communiqués. Liſez en-
» core la préface du tome VII de ce Dictionnaire, qui com-
» mence à paroître du mois de Janvier dernier.

» Quant à l'addition dont vous vous plaignez, inſérée
» page 531 : & avant que vous m'euſſiez fait paſſer votre
» Généalogie inſérée enſuite page 731 & ſuivantes, elle
» n'eſt point de mon invention, la note en a été envoyée
» au Libraire en 1759, qui me la fit paſſer, & dans la peur
» que je n'en fis pas uſage. Un Monſieur Chevalier de Saint
» Louis, d'un certain âge, [je m'en ſouviens] & appa-
» remment de votre nom, m'en porta une ſeconde, & me
» chargea préciſément d'en faire uſage, ainſi le débat eſt
» entre vous & celui qui vous a précédé. J'ai l'honneur d'ê-
» tre, &c.

Réponſe du Marquis de Culant.

» Pardonnez - moi, Monſieur, j'avois lû les deux ar-
» ticles dont vous me parlez, inſérés dans votre Dic-
» tionnaire Généalogique, lorſque je vous écrivis il y
» a quelques jours, & je n'ai à me plaindre que de celui
» contenu dans la page 531, tome IV, où vous avancez
» que les Barons de Ciré & d'Anqueville ſont Cadets des
» Culant de Savins ; ils ſont bien éloignés d'en conve-
» nir, puiſqu'ils ont eu de tout tems, & ont encore re-
» couvré dernierement des titres qui prouvent le con-
» traire, tels qu'un hommage & dénombrement rendu,
» il y a environ trois cens ans, à Louis de Culant, Baron
» de Culant en Berri, Chambellan du Roi Louis XI,
» Bailli & Gouverneur de Berri, à cauſe de ſon Châtel
» & Baronnie de Ciré en Aunis, au Gouvernement de
» la Rochelle [ce ſont les propres termes] qui prouvent
» que cette Terre appartenoit dès ce tems-là à la branche

» des Culant de Berri de qui nous la tenons , & defquels
» nous defcendons directement.

» Entre plufieurs autres actes qui prouvent encore cette
» defcendance , font un acte de partage entre les petits-
» fils de ce Louis Baron de Culant , Gouverneur de Berri ,
» qui étoient Seigneurs de Ciré , dans lequel Gabriel de
» Culant , Baron de Culant , en Berri , fe dit leur oncle ;
» & encore une procuration de Louis de Culant , Baron
» de Brécy en Berry , pour faire pourvoir de la tutelle
» des enfans mineurs de haut & puiffant défunt Izaac
» de Culant Baron de Ciré , fon coufin ; Demoifelle
» Margueritte de Blois de Rouffillon leur mere.

» Comme je fçais que ces différens titres ne vous fu-
» rent point communiqués avant que vous euffiez inféré
» ma Généalogie dans votre Dictionnaire , & que vous
» avez fuivi les Mémoires de Meffieurs de Culant de
» Savins , qui ont cru que nous defcendions des Culant de
» Savins ; parce que les Seigneurs de Ciré ont auffi pof-
» fédé quelque-tems la Terre de Savins ; je n'ai rien à
» vous imputer à ce fujet , me réfervant de vous faire
» voir , quand il vous plaira , les originaux des titres dont
» je viens de parler , dont vous ferez , Monfieur , l'ufage
» que vous jugerez à propos dans le volume de votre Dic-
» tionnaire , que vous dites qui va paroître.

» Quant à l'article des Armoiries inféré auffi , page
» 531 , qui vous a été fourni , à ce que vous m'écri-
» vez , par un inconnu , un vieux Chevalier de Saint
» Louis que vous fuppofez porter le même nom que moi ,
» vous me permettrez de vous dire que je n'en connois
» pas un tel que vous le dépeignez , & de vous obferver
» que vous n'auriez pas dû l'inférer fans mon aveu ; en
» faifant ufage des mémoires du premier venu , vous en
» demeurez refponfable vis-à-vis des perfonnes intéreffées ;
» ainfi ce n'eft point à l'inconnu que j'ai affaire , c'eft à vous

» Enfin , cet article m'eft de trop grande importance pour
» ne vous pas mettre dans le cas de prouver ce que vous
» avancez , ou de vous rétracter publiquement ; c'eft ce

» qui

49

» qui m'a engagé , après avoir été deux fois chez vous,
» pour vous en prévenir & vous porter encore mes titres,
» de donner pouvoir à un Procureur de poursuivre cette
» affaire. Je vous prie de nêtre pas moins persuadé que
» j'ai l'honneur d'être, &c.

En conséquence , Monsieur de la Chenaye des Bois a
été assigné le 3 d'Avril de la présente année 1765 : après
quelques délais , il a enfin fait signifier des moyens de
défenses le 17 de Mai suivant, dans lesquels, sans entrer
dans aucuns détails , ni preuves , il soûtient le Marquis de
Culant non-recevable dans sa demande. Fondé sur ce que
lui dit sieur de la Chenaye a averti dans les Préfaces de
son Dictionnaire Généalogique , qu'il ne garantit point
les Mémoires ou Additions qui lui sont envoyés.

Le Marquis de Culant répliqua, qu'en supposant même
que le sieur de la Chenaye ne fût pas responsable vis-à-
vis du Public des articles qui lui sont envoyés & insérés
dans son Dictionnaire Généalogique , il ne pouvoit se
dispenser de l'être vis-à-vis les Particuliers à qui ces mêmes articles portoient préjudice , surtout lorsque de pa-
reils articles, dont il n'auroit jamais dû faire mention ,
lui avoient été fournis par des inconnus & sans aveu, ainsi
qu'il en étoit convenu lui-même dans sa Lettre du deux
d'Avril.

L'Affaire se trouvant suffisamment instruite, a été plai-
dée le 8 Juin 1765 , par M. Hamot , Avocat du Marquis
de Culant, qui avoit porté avec lui à l'Audience les Titres & Contrats de mariages formant une filiation exacte
& bien suivie d'environ trois cens ans , depuis qu'un des
Ancêtres des Seigneurs de Culant, Barons de Ciré , étoit
sorti de la Province de Berri pour s'établir dans celle de
Xaintonge ; afin de prouver, au cas que M. de la Chenaye voulût entrer dans quelques détails , que les Ancêtres
du Marquis de Culant n'ayant jamais eu d'alliance avec
ceux de la Maison de Blezine, dont ils ignoroient jusqu'au
nom, ils n'ont jamais été dans le cas d'en prendre les Ar-

G

mes ; & l'Avocat de M. de la Chenaye étant demeuré muet, le Marquis de Culant a obtenu la Sentence qui suit :

———

A TOUS CEUX QUI CES PRESENTES LETTRES VERRONT : ALEXANDRE DE SÉGUR, Chevalier, Conseiller du Roi en ses Conseils, Prévôt de la Ville, Prévôté & Vicomté de Paris ; SALUT. Sçavoir faisons, que sur la Requête faite en Jugement devant Nous à l'Audience du Parc Civil du Châtelet de Paris, par Me Roger le Comte, Procureur de Messire René-Alexandre Marquis de Culant, Chevalier de l'Ordre Royal & Militaire de Saint Louis, Mestre de Camp de Dragons, Chevalier, Seigneur, Baron de Ciré, Flassais, Champfleury, l'Isle & autres Lieux, Demandeur aux fins de l'Exploit fait par le Grand, Huissier-Commissaire-Priseur en cette Cour, le trois Avril dernier, duement Controllé & présenté, assisté de Me Hamot son Avocat ; contre Roger, Procureur du sieur de la Chenaye des Bois, Auteur du Dictionnaire Généalogique, Héraldique, &c, Défendeur : Ouï ledit Me Hamot, en son Plaidoyer, & par vertu du défaut de nous donné contre ledit Me Roger, audit nom comparant, vû l'avenir à ce jour. Nous difons que le Défaillant fera tenu de reconnoître que c'eft par erreur qu'il a avancé dans le Supplément de fon Dictionnaire, que les Auteurs de la Partie d'Hamot avoient changé les Armes de leur origine, pour prendre celle de Blezine, & que depuis un fiécle & demi ils avoient repris les anciennes Armes de leur maifon ; lui en donner acte à fa premiere requifition, finon & à faute de ce faire, que la préfente Sentence vaudra ledit acte. Permettons à ladite Partie d'Hamot de faire imprimer la préfente Sentence & ledit acte, même de le faire inférer dans les Journaux & Ouvrages périodiques aux frais du Défaillant, que nous condamnons aux dépens ; ce qui fera exécuté nonobftant & fans préjudice de l'appel, & foit fignifié. En témoin de quoi Nous avons fait fceller ces Préfentes, qui furent faites & données au Châtelet de Paris, par Meffire ÉTIENNE-CLAUDE DU PONT, Lieutenant Particulier, tenant le Siége, le Samedi huit Juin mil fept cent foixante-cinq. *Signé*, SCHENCK.

Collationné par MALLARD, Greffier, duement controllé, & fignifié le 12 Juin 1765, a Me Roger, Procureur à domicile, par LENOIR.

www.ingramcontent.com/pod-product-compliance
Lightning Source LLC
Chambersburg PA
CBHW061328060726

47596CB00003B/1136